www.ingramcontent.com/pod-product-compliance
Lightning Source LLC
LaVergne TN
LVHW020436070526
838199LV00063B/4756

اردو کی منتخب نظمیں

ایک مطالعہ

ڈاکٹر محمد اسلم فاروقی

© Taemeer Publications

Urdu Ki Muntaqab Nazmein : Ek Mutalea
by: Dr. Mohammed Aslam Faroqui
Edition: April '2023
Publisher& Printer:
Taemeer Publications, Hyderabad.

ISBN 978-81-19022-93-9

9 788119 022939

مصنف یا ناشر کی پیشگی اجازت کے بغیر اس کتاب کا کوئی بھی حصہ کسی بھی شکل میں بشمول ویب سائٹ پر اَپ لوڈنگ کے لیے استعمال نہ کیا جائے۔ نیز اس کتاب پر کسی بھی قسم کے تنازع کو نمٹانے کا اختیار صرف حیدرآباد (تلنگانہ) کی عدلیہ کو ہو گا۔

© تعمیر پبلی کیشنز

کتاب	:	**اردو کی منتخب نظمیں: ایک مطالعہ**
مصنف	:	**ڈاکٹر محمد اسلم فاروقی**
صنف	:	نثری مضامین
ناشر	:	تعمیر پبلی کیشنز (حیدرآباد، انڈیا)
زیر اہتمام	:	تعمیر ویب ڈیولپمنٹ، حیدرآباد
سالِ اشاعت	:	۲۰۲۳ء
تعداد	:	(پرنٹ آن ڈیمانڈ)
صفحات	:	۱۴۶
کمپوزنگ	:	اے آر پرنٹس اینڈ گرافکس، محبوب نگر
ملنے کے پتے	:	ڈاکٹر محمد اسلم فاروقی، فون:09247191548
		ہمالیہ بک ڈپو، نامپلی، حیدرآباد
		ھدیٰ بک ڈپو، پرانی حویلی، حیدرآباد

3 اردو کی منتخب نظمیں ایک مطالعہ

فہرست مشمولات

☆	پیش لفظ	پروفیسر محمد انور الدین	6
☆	اردو کی منتخب نظمیں۔تعارف	ڈاکٹر محمد ناظم علی	7
☆	کچھ اس کتاب کے بارے میں	ڈاکٹر محمد اسلم فاروقی	11
☆	نظم کی تعریف		12
☆	مناجات	محمد قلی قطب شاہ	14
☆	توحید	نظیر اکبر آبادی	17
☆	کلجگ	نظیر اکبر آبادی	26
☆	نظیر کا شہر آشوب اور ہندوستان کی مفلسی		33
☆	مستقبل	اکبر الہ آبادی	38
☆	چاند اور تارے	اقبال	43
☆	بزم انجم	اقبال	50
☆	فنون لطیفہ	اقبال	54
☆	نیا شوالا	اقبال	59
☆	ایک پہاڑ اور گلہری	اقبال	62
☆	اے شریف انسانو!	ساحر لدھیانوی	65
☆	بارش	ظفر علی خاں	72

☆	گلزارِ وطن	سرور جہاں آبادی	75
☆	خاکِ ہند	برج نارائن چکبست	81
☆	اجنبی	اخترالایمان	86
☆	ایک لڑکا	اخترالایمان	91
☆	ترانۂ دکن	سکندر علی وجد	103
☆	اب کے برس	شاذ تمکنت	108
☆	تبوک آواز دے رہا ہے	عادل منصوری	111
☆	شاعرِ درماندہ	ن م راشد	115
☆	پریت کا گیت	حفیظ جالندھری	127
☆	چوتھا آدمی	ندا فاضلی	133
☆	دھرتی تیرا مجھ ساروپ	قاضی سلیم	136
☆	اہل بیت اطہار کی زندگی	شبلی نعمانی	141

انتساب

والدمحترم محمدایوب فاروقی صابر (مرحوم) کے نام

جن کے فیض تربیت نے

مجھے اردوزبان وادب کی خدمت کا موقع فراہم کیا۔

پیش لفظ

ڈاکٹر محمد اسلم فاروقی ابھرتے ادیب' صحافی' نقاد اور اردو کو کمپیوٹر سے جوڑنے والے ماہر کے طور پر جانے جاتے ہیں۔ اخبارات اور رسائل میں معلوماتی وادبی مضامین لکھتے ہیں۔ ان کی اب تک سات کتابیں شائع ہو چکی ہیں۔ انہوں نے یونیورسٹی آف حیدرآباد سے میرے زیر نگرانی عزیز احمد کی ناول نگاری پر ایم فل اور حبیب حیدرآبادی کی شخصیت اور فن پر پی ایچ ڈی کی ہے۔ مجھے ان کی ہمہ جہت صلاحیتوں پر ہمیشہ فخر رہا ہے۔ اردو کے مثالی شاگرد سے استاد اردو تک ان کا سفر متاثر کن رہا ہے۔ سوشل میڈیا پر سرگرم ہیں اور اردو کو فروغ دینے میں لگے ہوئے ہیں۔ ڈگری کالج میں استاد اردو ہیں۔ طلباء کی سہولت کے پیش نظر نصابی مواد بھی تیار کرتے رہتے ہیں۔ زیر نظر کتاب ''اردو کی منتخب نظمیں ایک مطالعہ'' طلباء کی نصابی ضرورتوں کی تکمیل کرتی ہے۔ نظم کی جامع اور مختصر تعریف کے بعد ڈاکٹر محمد اسلم فاروقی نے قلی قطب شاہ' نظیر' اکبر' اقبال' چکبست' اختر الایمان اور دیگر اہم نظم گو شعرا کی منتخب نظموں کا مطالعہ پیش کیا ہے۔ بنیادی طور پر انہوں نے نظم کے مفہوم کو آسانی سے سمجھانے کی کوشش کی ہے۔ شاعر کا تعارف بھی دیا ہے۔ اور نظم کی تفہیم بھی دلکش اسلوب میں کی ہے۔ اردو شعر فہمی کے اس دور میں اردو اساتذہ' طلباء اور اردو دانوں کے لیے یہ کتاب ضرور معاون ہوگی۔ میں فاضل مصنف کو ان کی تازہ تصنیف کی اشاعت پر مبارکباد پیش کرتا ہوں اور امید کرتا ہوں کہ ان کی دیگر تصانیف کی طرح یہ کتاب بھی پسند کی جائے گی۔

پروفیسر محمد انور الدین

اردو کی منتخب نظمیں ۔ تعارف

ڈاکٹر محمد اسلم فاروقی دور جدید کے نامور ادیب و قلمکار ہیں۔ اردو کو جدید ٹیکنالوجی سے جوڑنے اور انٹرنیٹ پر اردو زبان و ادب کو عام کرنے میں ان کی خدمات عالمی سطح پر مقبول ہیں۔ سوشل میڈیا کو فروغ اردو کے لیے استعمال کرتے ہیں اور اپنے تخلیقات مختلف ادبی رسائل، اخبارات، ویب پورٹلس اور اپنے بلاگ پر پیش کرتے رہتے ہیں۔ اردو میں تحقیقی، تنقیدی و معلوماتی مضامین لکھتے رہتے ہیں۔ ان کی اب تک سات (7) کتابیں زیور طباعت سے آراستہ ہو کر شائع ہو چکی ہیں اور قارئین میں مقبول ہیں۔ انٹرنیٹ پر ان کے بلاگ پر یہ ساری کتابیں عالمی قارئین کے مطالعے کے لیے دستیاب ہیں۔ ان کی کتابیں اردو کتب کے اہم آن لائن ذخیرہ ریختہ پر بھی دستیاب ہیں۔ اس لحاظ سے ہم کہہ سکتے ہیں کہ ڈاکٹر محمد اسلم فاروقی اردو کے ''سائبر ادیب'' ہیں۔ ان کی آٹھویں کتاب ''اردو کی منتخب نظمیں ایک مطالعہ'' کے عنوان سے شائع ہو رہی ہے۔ ان کی سابقہ کتابوں کی طرح یہ کتاب بھی اپنے موضوع سے بھر پور انصاف کرتی ہے اور ادب نواز قارئین کے لیے ایک بیش قیمت تحفہ ہے۔

ادب کی دو جہات ہیں۔ ایک نظم دوسرے نثر۔ نظم کی کئی اصناف جیسے مثنوی، مرثیہ، غزل، نظم، قصیدہ، رباعی وغیرہ مقبول ہیں۔ بہ حیثیت صنف نظم بھی انیسویں صدی کے اواخر سے اردو ادب میں مقبول رہی ہے۔ انجمن پنجاب کے زیر اثر آزاد، حالی وغیرہ نے غزل کے مقابل نظم کو فروغ دیا۔ کسی موضوع پر مسلسل اظہار خیال کے لیے نظم سے اچھی کوئی اور صنف نہیں۔ اقبال، چکبست، اکبر، جانثار اختر، اختر الایمان، ساحر لدھیانوی، حفیظ جالندھری وغیرہ اردو نظم کے مقبول شاعر گزرے ہیں۔ زیر نظر کتاب میں ڈاکٹر محمد اسلم فاروقی نے اردو نصاب کا حصہ

رہیں کچھ منتخب نظموں کی تفہیم پیش کی ہے۔نظم کی تعریف‘ شاعر کے احوال‘نظم کا متن اور نظم کی تشریح و تفہیم کے ساتھ نظم کا مرکزی خیال بھی پیش کیا گیا ہے۔اسکولوں اور کالجوں میں پڑھنے والے طلباءاور اردو تدریس سے وابستہ اساتذہ کے لیے ڈاکٹر محمد اسلم فاروقی کی جانب سے پیش کردہ نظموں کی تفہیم کا یہ خوبصورت گلدستہ یقیناً کارآمد ثابت ہوگا۔اور یہ کتاب اردو نظم کی تفہیم کے سلسلے میں ایک اہم اضافہ تصور کی جائے گی۔

نظم کے معنی دھاگے میں موتی پرونے کے ہیں۔اصطلاح شاعری میں کسی موضوع پر مسلسل اشعار کی پیشکشی کو نظم کہتے ہیں۔نظم میں تسلسل اور ربط ہوتا ہے۔اور ایک مرکزی خیال پایا جاتا ہے۔نظم کے لیے کئی ہئیتیں ہیں جیسے پابند نظم‘ معریٰ نظم‘ آزاد نظم وغیرہ۔اردو میں موضوعاتی نظمیں مقبول ہیں۔اس کے علاوہ نیچرل نظم‘ قومی نظم‘ جدید نظم‘ نثری نظم‘ علامتی نظم وغیرہ بھی لکھی جاتی رہی ہیں۔جب کہ ہئیت کے اعتبار سے نظموں کی اقسام میں دوہا ‘ماہیا‘ ہائیکو‘ گیت‘ ترائیلے‘ مثلث‘ وغیرہ بھی مشہور ہیں۔

جہاں تک اس کتاب میں شامل نظموں اور ان کے پیغام کا معاملہ ہے تو نظم ”مناجات“ از قلی قطب شاہ میں اس بات کا اشارہ کیا گیا ہے کہ بادشاہ ہو یا فقیر ہر ایک بندے کو اپنے مالک حقیقی خدائے وحدہ لاشریک سے دعا مانگتے رہنا چاہئے اور اسی رب العالمین سے مدد طلب کرنی چاہئے۔قلی قطب شاہ نے اپنی بیشتر نظموں میں اللہ سے مدد طلب کی ہے۔نظم ”توحید“ از نظیر اکبر آبادی میں شاعر نے خدا کے سچے عاشق بندے سے کہا ہے کہ وہ خدا کو اس کائنات میں موجود بے شمار تخلیقات اور انسانی زندگی کی اونچ نیچ سے پہچانے کہ دنیا میں جو کچھ ہو رہا ہے وہ سب کچھ اسی بڑی قدرت والے کے اشارے سے ہو رہا ہے۔انسان جب اپنے خالق کو پہچانے گا تو اس کے بنائے ہوئے نظام کو بھی سمجھے گا اور اس کی کہی ہوئی باتوں کو مانے گا۔دنیا میں جاری خیر و شر کا سلسلہ اسی حق کی پہچان کو ظاہر کرتا ہے۔نظیر نے ”شہر آشوب“ میں اپنے دور میں شہر آگرہ کی بدحالی کا ذکر بڑے ہی جذباتی انداز میں کیا ہے۔اس طرح کے شہر آشوب لکھنے کی موجودہ زمانے میں بھی ضرورت ہے۔نظم ”مستقبل“ میں اکبر الہ آبادی نے آنے والے دور کے تہذیبی زوال

کے جو نقشے کھینچے تھے وہ موجودہ زمانے میں سچ ثابت ہوئے جب کہ مغربی تہذیب کے اثرات اہل ہند پر نمایاں ہیں۔ نظم ''چاند اور تارے'' میں اقبال نے انسانوں کو حرکت عمل کی تلقین کی ہے اور اس راز سے پردہ اٹھایا ہے کہ زندگی کا سفر عشق پر مبنی ہے اور اس سفر میں حرکت و عمل کے ذریعے مسلسل آگے بڑھتے ہوئے اپنی دنیا اور آخرت کو کامیاب بنانا ہے۔اور حقیقی حسن یعنی دیدار الٰہی کو پانے تک مسلسل جدوجہد جاری رکھنی چاہیئے۔ بے عملی موت کی نشانی ہے اس سے انسان کی دنیا و آخرت دونوں برباد ہوجاتے ہیں۔ نظم ''نیا شوالہ'' میں اقبال نے ہندو قوم کی مذہبی نشانیوں مندر' مورت' تیرتھ' منتر' پجاری' بھگت اور مکتی جیسے اشارے استعمال کرتے ہوئے تمام ہندوستانیوں کو اتحاد کا پیغام دیا ہے۔انہوں نے کہا کہ ہمارے مذہبی اداروں کے رہنما واعظ و پجاری اپنے حقیقی منصب پر فائز نہیں رہے اس لیے شاعر مسجد و مندر سے آزاد ہو کر لوگوں کو اپنے دل کو عبادت گاہ بنانے کا مشورہ دیتا ہے۔اور اس طرح لوگوں میں جذبہ حب الوطنی پیدا کرنے کی کوشش کرتا ہے۔ نظم ''ایک پہاڑ اور گلہری'' میں اقبال نے گفتگو کے انداز میں بچوں کو یہ پیغام دیا کہ دنیا میں خدا نے کسی کو چھوٹا اور بڑا نہیں بنایا خدا کی بنائی ہر شئے اپنی جگہ اہمیت رکھتی ہے۔ پہاڑ ساکت و جامد ہے اور گلہری حرکت و عمل کا پیکر ہے۔ انسان کو ثابت قدمی کے ساتھ حرکت و عمل کے فلسفے پر عمل پیرا ہونا چاہیئے۔ نظم ''بارش'' میں شاعر ظفر علی خان نے فطرت کے پجاریوں کو بارش کے مناظر سے لطف اندوز ہونے کا پیغام دیا ہے۔ نظم ''اے شریف انسانو'' میں ساحر لدھیانوی نے جنگ کے نقصانات امن کی اہمیت اور انسانی زندگی میں ترقی کے میدان میں جدوجہد کی تلقین کی ہے۔ نظم ''گلزار وطن'' میں سرور جہاں آبادی نے ہندوستان کو خوبصورت باغ سے تشبیہ دی ہے اور یہاں رہنے والوں کو پھول قرار دے کر لوگوں کو اپنے وطن میں مل جل کر رہنے کی تلقین کی ہے۔ نظم ''خاک ہند'' میں چکبست نے لوگوں کو اپنے وطن کی مٹی سے پیار کرنے اور وطن سے محبت کے جذبے کو ابھارا ہے۔ جب لوگ وطن سے محبت رکھیں گے تو وطن کی حفاظت کریں گے اور اس کی ترقی کی کوشش کریں گے۔ نظم ''اجنبی'' میں اختر الایمان نے انسانی زندگی کے بچپن اور فطرت کے حسین نظاروں کو پیش کیا ہے۔ نظم ''ترانہ دکن'' میں وجد نے حیدرآباد دکن کی گنگا

جمنی تہذیب، یہاں کی عمارات اور یہاں کی نشانیوں کو بیان کرتے ہوئے دکن کی تعریف کی ہے۔ نظم ''اب کے برس'' میں شاعر شاذ تمکنت نے آنے والے برس انسانی زندگی کی تمناؤں کو بیان کیا ہے۔ نظم ''تبوک آواز دے رہا ہے'' میں شاعر عادل منصوری نے اس جانب اشارہ کیا کہ عرب میں صحابہؓ مال و دولت کی خاطر جنگ میں شرکت سے تاخیر کر رہے تھے اس اشارے سے یہ سبق دیا گیا ہے کہ حق کی خاطر اپنی جان و مال کی پرواہ نہیں کرنا چاہئے۔ ''شاعر درماندہ'' نظم میں ن م راشد نے انسان کے داخلی جذبات کو اجاگر کیا ہے۔ ''پریت کا گیت'' میں حفیظ جالندھری نے لوگوں میں محبت بھائی چارہ اور اخوت کے جذبے کو پروان چڑھایا ہے۔ نظم ''چوتھا آدمی'' میں ندا فاضلی نے خاندانی زندگی میں بزرگوں سے بہتر رویے کی اہمیت کو فنکاری سے پیش کیا ہے۔ نظم ''دھرتی تیرا مجھ سا روپ'' میں شاعر قاضی سلیم نے منظر نگاری کے اچھے نمونے پیش کئے ہیں۔ نظم ''اہل بیت اطہار کی زندگی'' میں شبلی نعمانی نے پیغمبر اسلام حضرت محمد مصطفیٰ ﷺ کے اہل خاندان کی سادگی کو واقعاتی انداز میں پیش کیا ہے۔ اس طرح اس کتاب میں اردو نظموں کا اچھا انتخاب شامل کیا گیا ہے جس کی سادہ لفظوں میں تفہیم کی گئی ہے اور فاضل مصنف نے نظم کا مرکزی خیال پیش کرتے ہوئے اردو ادب کے طالب علموں کو شعر فہمی میں مدد دی ہے۔

میں ڈاکٹر محمد اسلم فاروقی کو ان کی اس تصنیف ''اردو کی منتخب نظمیں ایک مطالعہ'' کی اشاعت پر دلی مبارکباد پیش کرتا ہوں اور اس امید کا اظہار کرتا ہوں کہ اس کتاب کی اردو کے ادبی حلقوں میں پذیرائی ہوگی۔ اس کتاب کو ہر اسکول اور کالج کے کتب خانے اور ہر اردو کے استاد کے ذخیرہ کتب میں شامل ہونا چاہئے۔ ایک ایسے دور میں جب کہ اچھی شاعری کم ہو رہی ہے اردو کی منتخب نظموں کا یہ مطالعہ اردو نظم پر لکھی گئی کتابوں میں اہم اضافہ ہوگا۔

ڈاکٹر محمد ناظم علی

کچھ اس کتاب کے بارے میں

''اردو کی منتخب نظمیں ایک مطالعہ'' میری آٹھویں تصنیف ہے۔ زیر نظر کتاب میں اردو کی منتخب نظموں کی تفہیم پیش کی گئی ہے۔ ادب کی آسان زبان میں تفہیم، توضیح وتشریح بھی فی زمانہ ایک اہم ضرورت بن گئی ہے۔ اردو کی نئی نسل زبان کی باریکیوں سے ناواقف ہے جب تک انہیں زبان کی شیرینی اوراس کی نزاکتوں سے واقف نہ کرایا جائے تو اردوادب کے اہم ذخیرے تک ان کی رسائی اور فہم مشکل لگتی ہے۔ جیسا کہ ہم سب جانتے ہیں اردوادب نثر ونظم پر مشتمل ہوتا ہے۔ نظم کی عمومی اقسام کے بالمقابل نظم بہ ذات خودایک شعری صنف ہے۔ جس میں تسلسل کے ساتھ کوئی موضوع پیش کیا جاتا ہے۔ انجمن پنجاب کے زیر اثر اردو میں نظم نگاری کوفروغ حاصل ہوا۔ نظیر، اکبر، حالی، چکبست، اقبال، اختر الایمان، جان نثار اختر اور دیگر نے اردو میں نظم نگاری کو فروغ دیا ہے۔ اردو کی یہ منتخب نظمیں اکثر اردو کی نصابی کتابوں کا حصہ رہی ہیں۔ طلباء اوراساتذہ اردو کی سہولت کے لیے ان نظموں کی تفہیم زیر نظر کتاب میں پیش کی گئی ہے۔ شاعر کے مختصر تعارف کے بعد نظم کا متن اور نظم کا خلاصہ پیش کیا گیا ہے۔ نظم کے مرکزی خیال کو بھی اجاگر کیا گیا ہے۔

اس کتاب کی اشاعت میں جزوی مالی اعانت کے لیے میں تلنگانہ ریاستی اردو اکیڈیمی کا شکر گزار ہوں۔ کتاب کے پیش لفظ اور تعارفی مضمون لکھنے کے لیے میں اپنے استاد محترم پروفیسر محمد انورالدین صاحب اور عزیز دوست ڈاکٹر محمد ناظم علی کی خدمت میں ہدیہ تشکر پیش کرتا ہوں۔ امید ہے کہ یہ کتاب اردو کے علمی وادبی حلقوں میں پسند کی جائے گی۔ اور کتاب کی پذیرائی ہوگی۔

ڈاکٹر محمد اسلم فاروقی

نظم کی تعریف

نظم کے لغوی معنیٰ ''لڑی میں موتی پرونے'' کے ہیں۔ تنظیم، ترتیب، نظم وضبط کے مفاہیم میں بھی اس لفظ کو استعمال کیا جاتا ہے۔شاعری کی اصطلاح میں اشعار کا ایسا مجموعہ جس میں کسی ایک خیال کو تسلسل سے بیان کیا جائے اسے نظم کہتے ہیں۔نظم کے اشعار موضوع اور خیال کے اعتبار سے ایک دوسرے سے پیوست ہوتے ہیں۔ جس طرح ہم پورے ادب کو نظم ونثر میں تقسیم کرتے ہیں۔اسی طرح پوری شاعری کو ہم غزل اور نظم میں تقسیم کر سکتے ہیں۔ یہ نظم کے محدود تر اور جدید تر معنیٰ ہیں۔ادب میں جب نظم کا لفظ استعمال کرتے ہیں تو اس کے معنیٰ نثر کے مخالف مفہوم کے ہوتے ہیں۔اور اس میں ان ساری اصناف کو شامل کر لیا جاتا ہے۔ جو نثر میں نہیں ہیں۔ جیسے مثنوی، مرثیہ، قصیدہ، غزل، رباعی، نظم وغیرہ۔گویا لفظ ''نظم'' وسیع تر معنوں میں ساری شاعری کیلئے بھی استعمال ہوتا ہے لیکن بطورِ اصطلاح اس لفظ کے معنیٰ کسی خاص عنوان، ترتیب اور تسلسل کے ساتھ شاعری میں اظہارِ خیال کے ہیں۔نظم میں ایک مرکزی خیال ہوتا ہے اور معنوی سطح پر اس میں ارتقاء بھی ضروری ہے۔نظم میں تسلسل اور تاثر بھی ہونا چاہیے۔نظم کے لیے نہ تو ہئیت کی قید ہے اور نہ موضوعات کی اور نہ اشعار کی۔ چنانچہ اُردو شاعری میں مختلف ہئیتوں اور مختلف موضوعات پر نظمیں کہی گئی ہیں جیسے مخمس، مسدس اور غزل کی ہئیت میں۔نظم میں اشعار کی تعداد بھی مختلف رہی ہے۔نظم کی چار قسمیں مشہور ہیں۔ پابند نظم۔معریٰ نظم۔آزاد نظم اور نثری نظم۔ پابند نظم میں بحر اور قافیہ وغیرہ تک ترتیب اور پابندی ضروری ہے۔پابند نظم میں ہر مصرع ایک ہی بحر میں ہوتا ہے اور ردیف

وقوافی کی پابندی ہوتی ہے۔ یہ نظم کی مقبول قسم ہے۔ معریٰ نظم بھی پابند نظم کی ہی ایک قسم ہے لیکن اس میں ردیف وقوافی الگ الگ ہوتے ہیں۔ اس کو انگریزی میں بلینک ورس بھی کہتے ہیں۔ آزاد نظم میں افاعیل (ایک ہی وزن کے الفاظ جیسے مسکرا۔ دیجئے وغیرہ) کا حساب رکھا جاتا ہے۔ اس طرح کے ہم وزن الفاظ کسی مصرع میں دس بار، تو کسی مصرع میں محض ایک دو بار استعمال ہوتے ہیں۔ نظم کی چوتھی قسم آزاد نظم کی ہے۔ اسے نثری نظم بھی کہا جاتا ہے۔ اس میں عروض اور ترتیب کا کوئی نظام ہی نہیں ہوتا۔ یہ ایک طرح کے نثری جملے ہوتے ہیں جنہیں کم زیادہ کر کے نظم کا تاثر پیدا کیا جاتا ہے۔ نثری نظم میں کسی بحر کی پابندی نہیں ہوتی بلکہ صرف آہنگ (ہم وزن الفاظ) کا خیال رکھا جاتا ہے۔ نظم کی مزید قسمیں بھی ہیں جیسے سانیٹ جو ۱۴ مصرعوں کی نظم ہوتی ہے۔ یہ بھی پابند قسم کی ہوتی ہے۔ اسی طرح قطعہ۔ رباعی۔ ترائیلے۔ ہائیکو۔ دوہے۔ ماہیے۔ وغیرہ نظم کی دیگر قسمیں ہیں۔ جن کی اپنی اپنی عروضی شکلیں ہوتی ہیں۔ نظم وہ صنف سخن ہے جو غزل کے مقابل ہر زمانے میں موجود رہی ہے۔ اور جس کی مثالیں ہمیں محمد قلی قطب شاہ سے لے کر عہد حاضر تک بہ کثرت ملتی ہیں۔ پابند نظم کے مشہور شعرا میں قلی قطب شاہ، نظیرؔ اکبر آبادی، اکبرؔ الہ آبادی، اقبالؔ، حالیؔ، چکبستؔ، سرور جہاں آبادی، تلوک چند محرومؔ، جان نثار اخترؔ، اختر الایمان وغیرہ مشہور رہیں۔

جدید نظم گو شعراء میں تصدق حسین خالدؔ، میراجیؔ، فیض احمد فیضؔ، مجید امجدؔ، مخدومؔ محی الدین، علی سردار جعفری، اختر الایمان، قاضی سلیمؔ، کمار پاشیؔ، بلراج کوملؔ، عزیز قیسیؔ، وحید اخترؔ، سلیمان اریبؔ اور شاذ تمکنت قابل ذکر ہیں۔ نظم معریٰ اور آزاد نظم کے بعد جدید اردو شاعری میں نثری نظم کا بھی تجربہ بھی ہوا۔ جس میں کسی بحر کی پابندی نہیں ہوتی بلکہ صرف آہنگ کا خیال رکھا جاتا ہے۔ نثری نظم ابھی تجرباتی مراحل میں ہے۔

مناجات محمد قلی قطب شاہ

محمد قلی قطب شاہ (1565-1612) اُردو کا پہلا صاحب دیوان شاعر گزرا ہے۔ قطب شاہی سلطنت کا پانچواں فرماں روا اور ابراہیم قلی قطب شاہ کا بیٹا تھا۔ پندرہ سال کی عمر میں تخت نشین ہوا۔ اس نے گولکنڈہ پر 1580ء سے لے کر 1611ء تک یعنی 31 سال حکومت کی۔ اس کے دور حکومت میں گولکنڈہ میں ہر طرح کی ترقی ہوئی اور عوام کو سکون حاصل ہوا۔ اس نے شہر حیدرآباد کی بنیاد ڈالی۔ اس کا دربار شعراء، مصنفین، علماء اور فضلاء سے بھرا رہتا تھا۔ اسے بھی شعروشاعری اور علم وفضل سے بڑی دلچسپی تھی۔ وہ خود اردو کا قادرالکلام شاعر تھا۔ اس نے فارسی، اردو اور تلگو زبان کی خوب سرپرستی کی۔

ڈاکٹر سید محی الدین قادری زور کی تحقیق کے مطابق محمد قلی اردو کا پہلا صاحب دیوان شاعر ہے۔ اس کا دیوان پچاس ہزار اشعار پر مشتمل ہے۔ اس نے اس وقت کی مروجہ تمام اصناف میں طبع آزمائی کی ہے۔ اس کی شاعری کی سب سے اہم خصوصیت حقیقت پسندی ہے۔ محمد قلی کی شاعری اس کی زندگی کا آئینہ ہے۔ اس نے شاعری کے ابتدائی دور میں ہی زندگی کے مختلف موضوعات پر ہم جہت شاعری کی ہے۔ وہ آج سے چار سو سال پرانا شاعر ہے۔ لیکن اس کے کلام میں نیچرل شاعری کے بیش بہا نمونے موجود ہیں۔ یہی وہ خصوصیت ہے جس نے اس کے کلام کو زندگی بخشی ہے۔

مناجات

مناجات میرا تو سن یاسمیع
منجے خوش توں رکھ رات دن یاسمیع

بھلا کر بھلا منج سو جو ہوئے گا
برا کر برا منج سوں جن یاسمیع

میرے دوستاں کوں توں نت دے جنت
میرے دشمناں کوں اگن یاسمیع

سکل تخت پر میرا یوں تخت کر
انگوٹی پہ جوں ہے نگیں یاسمیع

میرا شہر لوگاں سوں معمور کر
رکھیا جوں توں دریا میں من یاسمیع

مرادت کا جم ترنگ سارا قطب
اوسی سار ہت دے عنیں یاسمیع

نظم کی تفہیم

محمد قلی قطب شاہ (1565-1612) اُردو کا پہلا صاحب دیوان شاعر گزرا ہے۔ محمد قلی قطب شاہ نے شہر حیدرآباد بسایا تھا۔ اور اس شہر کے سنگ بنیاد کے وقت اس نے اپنی نظم ''مناجات'' میں خدا کے حضور شہر کی آبادی کے لیے دعا کی تھی۔ شاعر بادشاہ وقت ہے۔ اسے دنیا بھر کی آسائشیں فراہم ہیں لیکن اسے احساس ہے کہ خدا کی مدد کے بغیر وہ کچھ نہیں کرسکتا۔ چنانچہ اپنی نظم ''مناجات'' کے آغاز میں وہ خدا کے حضور دعا گو ہے کہ اے خدایا! تو میری دعا سن اور مجھے رات دن خوش حال رکھ۔ شاعر کو اللہ کی صفات کا پتہ ہے اس لیے وہ اللہ کی صفت سماعت کے حوالے سے دعا کرتا ہے کہ اے ساری دنیا کی مخلوقات کے دکھ درد کو سننے والے! تو میری دعا بھی سن لے۔ اور شاعر سب سے پہلے اپنی خوشحالی کی دعا مانگتا ہے۔ یہ ایک جامع دعا ہے اس سے

پتہ چلتا ہے کہ ہمیں بھی جامع دعا مانگنی چاہیے۔ شاعر نظم کے اگلے شعر میں کہتا ہے کہ مجھے اچھے کاموں کی توفیق عطا فرما اور برے کاموں سے بچا۔ میں جو کچھ اچھا کرنا چاہتا ہوں اس میں میری مدد فرما اور مجھے ہر قسم کی برائیوں سے بچنے کی توفیق عطا فرما۔ شاعر آگے اپنی سلطنت کی حفاظت کی خاطر کہتا ہے کہ جو میرا بھلا چاہنے والے دوست ہیں انہیں تو جنت نصیب فرما اور جو میرا برا چاہتے ہیں انہیں دوزخ کی آگ میں ڈال دے۔ شاعر اپنی سلطنت کی وسعت اور اہمیت کے بارے میں کہتا ہے کہ اے خدا تو میری سلطنت کو اس قدر شہرت دے کہ جس طرح انگوٹھی میں نگینہ اہم ہوتا ہے ویسے ہی ساری دنیا کی سلطنتوں میں میری سلطنت کو شہرت عطا فرما۔ شاعر اپنے بسائے ہوئے شہر حیدرآباد کے بارے میں دعا کرتا ہے کہ اے خدا تو میرے بسائے ہوئے شہر کو اس طرح آباد کر جس طرح دریا میں مچھلیاں ہوتی ہیں۔ شائد وہ قبولیت دعا کی گھڑی تھی کہ اللہ نے شہر حیدرآباد کو لوگوں سے اس قدر آباد کیا کہ آج یہ شہر اپنی گنگا جمنی تہذیب اور اپنی بے مثال ترقی کے سبب ساری دنیا میں مشہور ہے۔ نظم کے آخر میں شاعر قلی قطب شاہ کہتا ہے کہ اے خدا تو مجھے دائمی خوشحالی دے تاکہ میں اور میری رعایا چین وسکون سے رہ سکیں۔

مرکزی خیال: نظم ''مناجات'' میں شاعر محمد قلی قطب شاہ نے اپنی سلطنت کی بقاء اور ترقی' اس کے تحفظ اور اس کے بسائے شہر حیدرآباد کی آبادی کے لیے اللہ کے حضور دعا کی۔ اس نظم کے ذریعے قلی قطب شاہ نے یہ بھی واضح کیا کہ کیا بادشاہ کیا فقیر ہر ایک بندے کو اپنے حقیقی مالک خدائے وحدہ لاشریک سے دعا مانگنی چاہیے اور اسی سے ہر قسم کی مدد طلب کرنی چاہیے۔ محمد قلی قطب شاہ کی شاعری میں اللہ اور اس کے رسول ﷺ سے مدد لینے کے خیالات جا بجا ملتے ہیں۔ یہ نظم ہمیں ہر حال میں خدا سے مانگتے رہنے اور دعا کرتے رہنے کی تلقین کرتی ہے۔

توحید

نظیر اکبرآبادی

سید ولی محمد نظیر اکبرآبادی کی پیدائش 1735ء میں دہلی میں ہوئی اور 16 / اگست 1830ء میں 95 سال کی عمر میں آگرہ میں وفات پائی۔ والد کا نام محمد فاروق تھا۔ نظیر کا دور بہت پر آشوب دور تھا۔ نادر شاہ درانی اور احمد شاہ ابدالی کے حملوں نے دہلی کو تاراج کر دیا تھا ان حالات میں ان کی والدہ دہلی چھوڑ کر آگرہ آگئیں۔ نظیر کی ابتدائی تعلیم عربی و فارسی میں ہوئی۔ بچپن اور جوانی بہت فارغ البالی اور خوشحالی میں گزرا۔ ہر قسم کی تفریحات میں انہوں نے دل کھول کر حصہ لیا جس کے سبب ان کے کلام میں بچپن کے کھیل تماشوں، تہواروں کا ذکر کثرت سے ملتا ہے۔ پتنگ بازی، کبوتر بازی، بٹیر بازی، کبڈی، شطرنج وغیرہ سے انھیں خوب لگاؤ تھا اور اس کا ذکر ان کی شاعری میں جا بجا ملتا ہے۔

نظیر اکبر بادی بہت پُر گو اور قادر الکلام شاعر تھے۔ ان کے کلام کی انفرادیت کے پیشِ نظر انھیں کسی بھی شعری دبستان سے وابستہ نہیں کیا جا سکتا۔ دہلی اور لکھنو جیسے ادبی اور ثقافتی مراکز سے دور اکبرآباد میں وہ اپنے رنگ کے موجد ہیں۔ وہ اپنی ذات میں ایک تحریک اور کلیات کے اعتبار سے ایک دبستان تھے۔

نظیر ہر اعتبار سے ہندوستانی شاعر ہیں۔ وہ ہندوستان کے باشندے ہیں اور انھیں اپنے ہندی ہونے پر فخر ہے۔ نظیر کی مادری زبان اردو ہے اور اسی زبان کو انہوں نے اپنے اظہار کا وسیلہ قرار دیا۔ جذبات و احساسات کے لحاظ سے بھی نظیر قطعی ہندوستانی شاعر ہیں۔ انہیں ہندوستان کی ہر چیز سے لگاؤ اور محبت ہے یہی سبب ہے کہ انہوں نے ہندوستان کے دریا،

پہاڑ، مناظرِ فطرت، ہندوستان کی برسات، میلے ٹھیلے، دیوالی، بسنت، تل کا لڈو، ککڑی، تربوز، بھنگ، ریچھ کا بچہ وغیرہ جیسے موضوعات پر طبع آزمائی کی، جو اس عہد کے شاعرانہ مزاج کے لیے باغیانہ اور سوقیانہ تھے لیکن نظؔیر کو اپنے وطن کی سرزمین سے اس قدر عقیدت تھی کہ انہوں نے یہاں کی تمام چیزوں کو موضوعِ سخن بنانے میں قباحت محسوس نہیں کی۔

نظؔیر جدید اردو نظم کے موجد مانے جاتے ہیں۔ وہ جدید نظم جس کو آگے چل کر حاؔلی اور آزؔاد نے فروغ دیا، نظؔیر اس کی بنیاد بہت پہلے رکھ چکے تھے۔ حالاں کہ نظیر کے دور میں شاعری زلف محبوب ورخسار اور گل وبلبل کے نغموں میں اسیر تھی اور فارسیت نے اردو کو اپنے شکنجے میں پوری طرح جکڑ رکھا تھا۔ موضوع اور زبان دونوں میں فارسی کا اثر غالب تھا۔ لیکن نظؔیر وہ پہلے شاعر ہیں جنھوں نے عام ڈگر سے ہٹ کر شاعری کو عوامی رنگ اور نچلے طبقے کے لوگوں کے مسائل کے لیے استعمال کیا اور انہیں کی زبان میں کلام کیا۔

نظؔیر کی تشبیہات واستعارات خالص ہندوستانی ہیں۔ مناظرِ فطرت اور چیزوں کی مثالیں ہندوستانی زندگی پر مبنی ہیں۔ عرب وایران سے مستعار نہیں لی گئی ہیں ۔ چوں کہ نظؔیر خالص عوامی شاعر ہیں اس لیے انہوں نے اس زمانے کی معاشرت کے ہر پہلو کو موضوعِ سخن بنایا ہے۔ نظیر کے تمام تر موضوعات، انسان، اس کی زندگی، اس کے مسائل اور معاشرت کا احاطہ کیے ہوئے ہیں۔ بنی نوع انسان کی ان کے نزدیک خاص اہمیت ہے اور ان کی انتہائی دلچسپی کا باعث بھی اس لیے وہ اسے ہر رنگ اور ہر پہلو سے دیکھنا چاہتے ہیں اور ہر حال میں ہر مقام پر اس کے ساتھ رہتے ہیں۔

نظؔیر اکبرآبادی کا کمال یہ ہے کہ وہ دنیا کے مختلف مشاغل اور کھیل تماشوں کا احوال اس مزے سے بیان کرتے ہیں کہ معلوم ہوتا ہے کہ وہ بچوں کی طرح خود بھی ان افعال میں شریک ہیں۔ ان کا مطالعہ وسیع اور معلومات غیر محدود ہیں۔ اس وصف کے پیشِ نظر ان کا خزانہ لغات بھی نہایت وسیع ہے۔ ان کی زبان وبیان دلکش اور سادہ ہے۔ نظؔیر میں مذہبی تعصب نام کو

نہ تھا۔انھوں نے ہندو مذہب،اس کے تہواروں اور رسوم پر بھی بہت سی نظمیں لکھیں ہیں۔ یہی سبب ہے کہ ان کے کلام میں مقامی رنگ پیدا ہو گیا ہے جسے گنگا جمنی تہذیب سے یاد کیا جاتا ہے۔ ہمارے اردو شعراء کے یہاں یہ مقامی رنگ کمیاب ہیں بلکہ نایاب ہیں۔ یہی وجہ ہے کہ نظیرؔ کی زبان،موضوع اور خیالات منفرد اور اچھوتے ہیں جو مقامی رنگ میں ڈوبے ہوئے ہیں۔

نظیرؔ کے یہاں انسان دوستی،فطرت پرستی اور بے ریا زندگی کے شعور پایا جاتا ہے۔ ان کی شاعرانہ عظمت کے سبب انہیں اردو کا پہلا پہلا جدید نظم گو شاعر اور'عوامی شاعر قرار دیا گیا۔انھوں نے ہندوستانی تہذیب وتمدن کی تصویریں نہایت مکمل اور عمدگی سے پیش کی ہیں چنانچہ اگر یہ کہا جائے کہ ان کی شاعری کا محور زندگی اور زندگی کے حادثات وتفریحات ہیں تو بے جا نہ ہوگا۔

توحید

تنہا نہ اسے اپنے دل تنگ میں پہچان
ہر باغ میں ہر دشت میں ہر سنگ میں پہچان
بے رنگ میں یا رنگ میں یا نیرنگ میں پہچان
منزل میں مقامات میں فرسنگ میں پہچان
نت روم میں اور ہند میں اور زنگ میں پہچان
ہر راہ میں ہر ساتھ میں ہر سنگ میں پہچان
ہر عزم ارادے میں ہر آہنگ میں پہچان
ہر دھوم میں ہر صلح میں ہر جنگ میں پہچان
ہر آن میں ہر بات میں ہر ڈھنگ میں پہچان
عاشق ہے تو دلبر کو ہر اک رنگ میں پہچان

پھل پات کہیں شاخ کہیں پھول کہیں بیل
نرگس کہیں سوسن کہیں بیلا کہیں رابیل
آزاد کوئی سب سے کسی کا ہے کہیں میل
ملتا ہے کوئی راکھ' چنبیلی کا کوئی تیل
کرتا ہے کوئی ظلم' کوئی لیتا ہے جھیل
باندھے کہیں تلوار'اٹھاتا ہے کوئی سیل
ادنیٰ کوئی'اعلیٰ کوئی' سوکھا کوئی وتڑ پیل
جب غور سے دیکھا تو اسی کے ہیں یہ سب کھیل

ہر آن میں ہر بات میں ہر ڈھنگ میں پہچان
عاشق ہے تو دلبر کو ہر اک رنگ میں پہچان

گاتا ہے کوئی شوق کرتا ہے کوئی حال چھانے ہے کوئی خاک اڑاتا ہے کوئی مال
ہنستا ہے کوئی شاد کسی کا ہے برا حال روتا ہے کوئی ہو کے غم و درد میں پامال
ناچے ہے کوئی شوخ بجاتا ہے کوئی گال پہنے ہے کوئی چیتھڑے اوڑھے ہے کوئی شال
کرتا ہے کوئی ناز دکھاتا ہے کوئی حال جب غور سے دیکھا تو اسی کی ہے یہ سب چال
ہر آن میں ہر بات میں ہر ڈھنگ میں پہچان
عاشق ہے تو دلبر کو ہر اک رنگ میں پہچان

جاتا ہے حرم میں قرآن بغل مار کہتا ہے کوئی دیر میں پوتھی کے سماچار
پہنچا ہے کوئی پار بھٹکتا ہے کوئی وار بیٹھا ہے کوئی عیش میں پھرتا ہے کوئی زار
عاجز کوئی بے کس کوئی ظالم کوئی لٹھ مار مفلس کوئی نادار تو نگر کوئی زردار
زخمی کوئی ماندہ کوئی اچھا کوئی بدکار جب غور سے دیکھا تو اسی کے ہیں سب اسرار
ہر آن میں ہر بات میں ہر ڈھنگ میں پہچان
عاشق ہے تو دلبر کو ہر اک رنگ میں پہچان

ہے کوئی دلی دوست کوئی جان کا دشمن بیٹھا ہے پہاڑوں میں کوئی پھرتا ہے بن بن
مالا کوئی جپتا ہے کوئی شوق میں سمرن چھوڑے ہے کوئی مال سمیٹے ہے کوئی دھن
نکلے کوئی جواہر کے کوئی پہن کے ابرن لوٹے ہے کوئی خاک میں رو رو کے ملا تن
جوگی کوئی بھوگی کوئی اگر کوئی سوگن جب غور سے دیکھا تو اسی کے ہیں یہ سب فن

ہر آن میں ہر بات میں ہر ڈھنگ میں پہچان
عاشق ہے تو دلبر کو ہر اک رنگ میں پہچان

سردی کہیں، گرمی کہیں، جاڑا کہیں برسات   دوزخ کہیں، بیکنٹھ کہیں ارض و سماوات
حوریں کہیں غلماں کہیں پریاں کہیں جنات   اوجڑ کہیں بستی، کہیں جنگل کہیں دیوات
سختی کہیں راحت، کہیں گردش کہیں سکنات   شادی کہیں ماتم کہیں نور اور کہیں ظلمات
تارے کہیں سورج کہیں برج اور کہیں دن رات   جب غور سے دیکھا تو اسی کے ہیں طلسمات

ہر آن میں ہر بات میں ہر ڈھنگ میں پہچان
عاشق ہے تو دلبر کو ہر اک رنگ میں پہچان

بیچے ہے جواہر کوئی زر، سیم و طلا رانگ   مارے کوئی پارے کو، بنا دے کوئی مرگانگ
دیتا ہے کوئی ہاتھ سے لیتا ہے کوئی مانگ   محتاج کوئی قوت کا رکھتا ہے کوئی دانگ
ٹھہرا ہے کوئی چور لگاتا ہے کوئی تھانگ   ملتا ہے کوئی پوست کو چھانے ہے کوئی بھانگ
گھنٹہ ہے کہیں، جھانجھ کہیں سنکھ کہیں مانگ   جب غور سے دیکھا تو اسی کے ہیں یہ سب سوانگ

ہر آن میں ہر بات میں ہر ڈھنگ میں پہچان
عاشق ہے تو دلبر کو ہر اک رنگ میں پہچان

ناری کوئی باری، کوئی خاکی کوئی آبی   صوفی کوئی زاہد، کوئی بدمست شرابی
باتیں کوئی بیٹھا ہوا کرتا ہے کتابی   پیتا ہے کوئی کیف کوئی مئے گلابی
مارے ہے زٹل کوئی، جیب ہے دابی   سچا کوئی جھوٹا ہے کوئی رند شرابی
کالا کوئی گورا کوئی پیلا کوئی آبی   ہیں اس کی ہی قدرت کے یہ سب لال گلابی

ہر آن میں ہر بات میں ہر ڈھنگ میں پہچان
عاشق ہے تو دلبر کو ہر اک رنگ میں پہچان

کیا حسن کہیں پایا ہے اللہ ہی اللہ   کیا عشق کہیں چھایا ہے اللہ ہی اللہ
کیا رنگ یہ رنگوایا ہے اللہ ہی اللہ   کیا نور یہ جھکایا ہے اللہ ہی اللہ
کیا دھوپ ہے کیا سایا ہے اللہ ہی اللہ   کیا مہر ہے کیا مایا ہے اللہ ہی اللہ
کیا ٹھاٹھ یہ ٹھہرایا ہے اللہ ہی اللہ   کیا بھید نظیر آیا ہے اللہ ہی اللہ

ہر آن میں ہر بات میں ہر ڈھنگ میں پہچان
عاشق ہے تو دلبر کو ہر اک رنگ میں پہچان

نظم کی تفہیم

سید محمد نظیر اکبر آبادی (1735-1830) اردو کے مشہور نظم گو شاعر گزرے ہیں دہلی میں پیدا ہوئے بعد میں اکبر آباد آگرہ میں منتقل ہو گئے اور ساری زندگی وہیں گذر دی۔ نظیر سیر سپاٹے کے رسیا تھے وہ عرسوں اور جاتراؤں میں شرکت کرتے اور زندگی کے مشاہدات کو نظموں میں بیان کرتے تھے وہ فطری شاعر تھے۔ انہیں اردو کا عوامی شاعر کہا جاتا ہے۔ ان کی شاعری ہندوستانی تہذیب و تمدن کی آئینہ دار ہے۔ انہوں نے اپنی شاعری میں عوامی زبان استعمال کی۔ ان کی مشہور نظمیں آدمی نامہ، بنجارہ نامہ وغیرہ ہیں۔

نظیر نے نظم ''توحید'' عشرہ کی ہیئت میں لکھی ہے۔ نظم کے ہر بند میں دس مصرعے ہیں اس نظم میں نظیر نے اظہار خیال کی صلاحیت سے استفادہ کرتے ہوئے توحید کے موضوع کو وسیع تر انداز میں سمجھایا ہے۔ نظم کے پہلے بند میں نظیر خدا کی وحدانیت کا فلسفہ بیان کرتے ہوئے مسلمانوں سے کہتے ہیں کہ خدا کو ہم صرف اپنے دل میں موجود نہیں سمجھنا چاہیے بلکہ اُسے کائنات کے ہر رنگ میں محسوس کرنا چاہئے۔ خدا اپنی ذات سے پوشیدہ ہے لیکن اپنی تخلیق کردہ کائنات کی

ہر شکل وصورت سے اس کی قدرت عیاں ہے انسان کو خدا نے عقل دی اور کائنات کے مطالعہ کے لیے آنکھ، کان، زبان، ناک، ہاتھ وغیرہ دیئے۔ انسان کو چاہیئے کہ وہ اپنے حواس اور عقل کو استعمال کرے اور کائنات میں موجود بے شمار مخلوقات کو دیکھتے ہوئے خدا کی قدرت پہچانے اس لیے نظیر لوگوں کو کہتے ہیں کہ خدا کو پیڑ، پودوں، پھل، پھول، پہاڑ، ندی نالے طرح طرح کے رنگوں خوشی اور غم، امن اور جنگ ہر حالت میں محسوس کرے۔ کیوں کہ اس کائنات میں جو کچھ ہو رہا ہے وہ خدا کی مرضی سے ہو رہا ہے بندہ خدا کا سچا عاشق ہوتا ہے۔ اور ایک عاشق اپنے معشوق کے ظاہر سے اس کے باطن کو پہچانتا ہے۔

نظم کے دوسرے بند میں نظیر کائنات کی چند اور مخلوقات کا ذکر کرتے ہوئے خدا کی قدرت اور توحید بیان کرتے ہیں اور کہتے ہیں کہ دنیا میں جتنے پھل اور پھول ہیں وہ سب خدا کی پیداوار ہیں۔ اسی طرح لوگوں میں امیر، غریب، خوشحال، غمزدہ، ظالم، مظلوم لوگوں سے یہ اونچ نیچ بھی خدا کی طرف سے ہے۔ انسان اگر کائنات کے اس نظام میں غور کرے تو خدا کی قدرت محسوس ہوگی۔

نظم کے اگلے بند میں نظیر انسانی طبقات کے بیان کا سلسلہ جاری رکھتے ہوئے کہتے ہیں کہ کچھ لوگ خوش ہیں اور کچھ لوگ پریشانی میں ڈوبے ہوئے ہیں کوئی روزگار کے لیے پریشان ہے تو کوئی دولت سے مالا مال ہے۔ کوئی خوشی میں ہنستا ہے تو کوئی غم میں روتا ہے۔ خوشحال لوگ اچھے کپڑے پہنتے ہیں اور پریشان حال لوگ پھٹے پرانے کپڑے پہنے ہوئے ہیں۔ کوئی ناز ونخرے کرتا ہے تو کوئی اپنی غریبی کا ظہار کرتا ہے انسانوں کے بیچ اچھے اور برے کا فرق خدا کی طرف سے ہے اور ہر چیز اور ہر کیفیت میں بھی خدا کی مرضی شامل ہے۔ خدا کے سچے عاشق بندے دنیا میں غور و فکر کرتے ہوئے خدا کی قدرت کو پہچان سکتے ہیں۔

نظم کے اگلے بند میں نظیر صفات کے اعتبار سے انسانوں کی مزید ترجیح بیان کرتے ہوئے کہتے ہیں کہ لوگ مذہبی ہونے کا دکھاوا کرتے ہیں مسلمان قرآن ہاتھ میں لئے مسجد جاتے ہیں

ہندو مندر جاتے ہیں۔ کچھ لوگ مذہب سے دور عیش کی زندگی گذارتے ہیں اور کچھ لوگ خدا کی یاد میں روتے ہیں۔ دنیا میں امیر، غریب، نیک، بد۔ ظالم، مظلوم ہر قسم کے لوگ ہیں۔ لوگوں کی اس تفریق پر غور کیا جائے تو پتہ چلتا ہے کہ یہ اونچ نیچ خدا کی طرف سے ہے اور خدا کے سچے عاشق بندے دنیا میں غور و فکر کرتے ہوئے خدا کی قدرت کو پہچان سکتے ہیں۔ نظیر بڑے مردم شناس واقع ہوئے ہیں۔ انہوں نے اپنی نظم توحید میں دنیا میں پائے جانے والے قسم قسم کے انسانوں کے مطالعہ کو پیش کیا ہے۔ چنانچہ نظم کے اگلے بند میں وہ کہتے ہیں کہ لوگوں میں کوئی کسی کا دوست ہے تو کوئی دشمن۔ کوئی خدا کا عرفان پانے کے لیے پہاڑوں میں بیٹھتا ہے تو کوئی جنگل جنگل پھر کر خدا کی یاد کرتا ہے۔ کوئی اس دنیا سے مال و دولت چھوڑ کر جا رہا ہے تو کوئی فنا ہونے والی دنیا میں مال و دولت جمع کرنے میں مصروف ہے۔ کچھ لوگ ہیرے جواہرات لگے کپڑے پہن کر خوش ہوتے ہیں تو کچھ لوگ مٹی میں لوٹ کر اپنا غم ہلکا کرتے ہیں دنیا میں کوئی جوگی ہے تو کوئی بھوگی ہے۔ جب غور کیا جائے تو انسان کی یہ تفریق خدا کی طرف سے ہے اور ہر لمحہ اسی کی مرضی سے اس کائنات کا نظام چل رہا ہے اور خدا کے سچے عاشق بندے دنیا میں غور و فکر کرتے ہوئے خدا کی قدرت پہچان سکتے ہیں۔

نظم کے اگلے بند میں نظیر نے دنیا میں پائے جانے والے مختلف موسموں اور حالات کی منظر نگاری کی ہے۔ اور وہ کہتے ہیں کہ دنیا میں کہیں سردی ہے تو کہیں گرمی ہے کہیں بارش ہے تو کہیں سوکھا پڑا ہوا ہے۔ جہاں خوشحالی ہے وہاں کے لوگ صحت مند اور خوش ہیں۔ جہاں پریشانی ہے قحط ہے وہاں دکھ درد ہے کہیں شادی کے گیت گائے جاتے ہیں۔ کہیں کسی کے مرنے کا ماتم ہے۔ دن رات کا بدلنا اور موسموں کا بدلنا زندگی میں خوشی کے بعد غم اور غم کے بعد خوشی کا آنا، یہ سب خدا کی طرف سے ہے اس طرح کائنات کی ہر گھڑی خدا کی مرضی سے چل رہی ہے اور خدا کے سچے عاشق بندے دنیا میں غور و فکر کرتے ہوئے خدا کی قدرت کو پہچان سکتے ہیں۔

نظیر نظم کے اگلے بند کے آگے کہتے ہیں کہ دنیا میں کوئی محنت کر کے دولت کماتا ہے تو کوئی

بھیک مانگ کر گذارا کرتا ہے کوئی چوری کرتا ہے تو کوئی نشہ کر کے مست ہے۔لوگوں میں یہ تفریق خدا کی طرف سے ہے دنیا میں نیک و بد' جھوٹا' سچا کالا' خوشحال بدحال دنیا میں موسموں کا بدلنا خدا کی طرف سے ہے اس طرح غور سے دیکھا جائے تو یہ کائنات کا سارا نظام ایک خدا کے حکم سے چل رہا ہے اور خدا کے سچے بندے کائنات کے ہر ذرے اور تقدیر کے ہر فیصلہ میں خدا کی مرضی کو دیکھتے ہیں اور ایک خدا کی یاد میں لگ جاتے ہیں۔

مرکزی خیال:۔ نظیر اکبرآبادی نے نظم توحید میں انسانوں میں مختلف اقسام' ان کی صفات اور کائنات کے بدلتے نظام کو بیان کرتے ہوئے واضح کیا کہ اس دنیا میں جو کچھ ہو رہا ہے وہ ایک خدا کی مرضی سے ہو رہا ہے انسان کو چاہئے کہ کائنات کا مطالعہ کرے اور اس میں خدا کی قدرت کو پہچانے اور اسی خدا کی عبادت میں لگ جائے۔اس نظم میں نظیر نے عشق کا فلسفہ بھی بیان کیا ہے کہ انسان سے انہوں نے سوال کیا ہے کہ عاشق ہے تو اپنے دلبر کو ہر ایک رنگ میں پہچان۔ چنانچہ بندے کو اپنے رب کا سچا عاشق ہونا چاہئے اور اس کے تخلیق کردہ جلوؤں سے رب کو پہچاننا چاہئے اور اسی کی اطاعت میں لگ جانا چاہئے۔انسان جب اپنے خالق کو پہچانے گا تو اس کے بنائے ہوئے نظام کو بھی سمجھے گا اور اس کی کہی گئی باتوں کو مانے گا بھی۔ دنیا میں خیر و شر کا سلسلہ چل رہا ہے اس طرح کی نظمیں لوگوں کو حق کی پہچان کرانے کا ذریعہ بنتی ہیں۔

کلجگ نظیرؔ اکبر آبادی

دنیا عجب بازار ہے کچھ جنس یاں کی ساتھ لے
نیکی کا بدلہ نیک ہے بد سے بدی کی بات لے
میوہ کھلا میوہ ملے پھل پھول دے پھل پات لے
آرام دے آرام لے دُکھ درد دے آفات لے
کلجُگ نہیں کرجگ ہے یہ یاں دن کو دے اور رات لے
کیا خوب سودا نقد ہے اِس ہاتھ دے اُس ہاتھ لے

کانٹا کسی کے مت لگا گو مثل گل پھولا ہے تو
وہ تیرے حق میں تیر ہے کس بات پر پھولا ہے تو
مت آگ میں ڈال اور کو پھر گھانس کا پولا ہے تو
سن رکھ یہ نکتہ بے خبر کس بات پر بھولا ہے تو
کلجُگ نہیں کرجگ ہے یہ یاں دن کو دے اور رات لے
کیا خوب سودا نقد ہے اِس ہاتھ دے اُس ہاتھ لے

تو اور کی تعریف کر، تجھ کو ثنا خوانی ملے
کر مشکل آساں اور کی تجھ کو بھی آسانی ملے
تو اور کو مہمان کر تجھ کو بھی مہمانی ملے

روٹی کھلا روٹی ملے، پانی پلا پانی ملے
کلجگ نہیں کرجگ ہے یہ یاں دن کو دے اور رات لے
کیا خوب سودا نقد ہے اِس ہاتھ دے اُس ہاتھ لے

اپنے نفع کے واسطے مت اور کا نقصان کر
تیرا بھی نقصان ہووے گا اس بات پر تو دھیان کر
کھانا جو کھا تو دیکھ کر پانی پیئے تو چھان کر
یاں پاؤں کو رکھ پھونک کر اور خوف سے گزران کر
کلجگ نہیں کرجگ ہے یہ یاں دن کو دے اور رات لے
کیا خوب سودا نقد ہے اِس ہاتھ دے اُس ہاتھ لے

غفلت کی یہ جاگہ نہیں یاں صاحب ادراک رہ
دل شاد رکھ دل شاد رہ غمناک رکھ غمناک رہ
ہر حال میں تو بھی نظیرؔ اب ہر قدم کی خاک رہ
یہ وہ مکاں ہے او میاں یاں پاک رہ بے باک رہ
کلجگ نہیں کرجگ ہے یہ یاں دن کو دے اور رات لے
کیا خوب سودا نقد ہے اِس ہاتھ دے اُس ہاتھ لے

نظم کی تفہیم

سید محمد نظیرؔ اکبر آبادی (1830-1735) اردو کے مشہور نظم گو شاعر گذرے ہیں۔انہوں نے اپنی شاعری کے ذریعے نصیحت آمیز باتیں پیش کی ہیں۔ان کی ایک مشہور نظم ''کلجگ'' ہے۔نظم

کی تفہیم اس طرح ہے۔

نظیر نے نظم ''کلجگ'' مسدس کی شکل میں لکھی ہے۔نظم کے ہر بند میں چھ مصرعے ہیں اور ہر بند کے آخری ٹیپ کے دو مصرعے ساری نظم میں دہرائے گئے ہیں۔نظیر زمانہ شناس تھے انہوں نے زندگی کو قریب سے دیکھا تھا۔اور ایک ایسے دور میں زندگی گزاری جب مغلیہ سلطنت کو زوال ہورہا تھا اور انسانی قدریں ٹوٹ پھوٹ رہی تھیں۔ کہا جاتا ہے کہ نظیر نے گیارہ بادشاہوں کا زمانہ دیکھا۔انہوں نے اپنی شاعری میں لوگوں کونصیحت کی باتیں پیش کی ہیں اور دنیائے فانی کی حقیقت کو بیان کیا ہے۔نظیر نے اپنی شاعری میں ہندی یا ہندوستانی الفاظ کثرت سے استعمال کئے ہیں۔ چنانچہ اس نظم کا عنوان ''کلجگ'' دراصل ہندی لفظ کلیگ ہے جس کے معنی سیاہ دور یا تباہی و بربادی کا دور۔ ایسا دور جس میں اچھی قدریں ختم ہوجائیں گی اور ہر طرف ظلم وزیادتی بڑھ جائے گی۔ دھاتی دور کے بعد موجودہ زمانے کوکلجگ کہا گیا ہے۔ چنانچہ نظیر اس سیاہ دور کا ذکر کرتے ہوئے انسان کواچھے کاموں کی نصیحت کرتے ہیں۔

نظم ''کلجگ'' کے پہلے بند میں نظیر ایک ناصح کی طرح نصیحت کرتے ہوئے کہتے ہیں کہ یہ دنیا ایک عجیب بازار ہے۔جس طرح لوگ بازار میں طرح طرح کے کاروبار کرتے ہیں' خرید وفروخت کرتے ہیں اسی طرح دنیا کے اس بازار میں انسان کو اپنے لئے کچھ اچھی چیزیں حاصل کر لینی چاہئیں۔ یہ دنیا وہ جگہ ہے جہاں نیکی کا بدلہ اچھا ہوگا اور بدی کا بدلہ برا ہوگا۔ یہ فطرت کا قانون ہے کہ انسان جو فصل بوئے گا اسے وہی کھیتی حاصل ہوگی اگر وہ اس دنیا میں اچھے اخلاق و کردار کے ساتھ زندگی گزارے گا تو اسے لوگوں سے اور خدا کی طرف سے اچھا بدلہ ملے گا۔ برائی کا انجام جلد یا دیر برا ہی ہوگا۔نظیر کو جزئیات نگاری پر عبور تھا وہ اس برے دور کی تفصیلات بیان کرتے ہوئے آگے کہتے ہیں کہ انسان کسی کو میوہ کھلائے گا میٹھا کھلائے گا تو لوگ اس برتاؤ سے خوش ہوں گے اور اس کے ساتھ بھی اچھا برتاؤ کریں گے۔ لوگوں کے لئے اگر ہم راحت اور آرام کا سامان پہونچائیں گے تو ہمیں بھی خدا کی طرف سے نعمتیں ملیں گی۔لوگ بھی

ہم سے اچھی طرح پیش آئیں گے اگر ہم کسی کو تکلیف پہونچائیں گے تو ہمیں بھی مصیبتوں کا سامنا کرنا پڑتا ہے۔ نظیر اس زمانے کو بیان کرتے ہوئے کہتے ہیں کہ کہ سیاہ دور یا کالا زمانہ نہیں بلکہ اچھے کام کرنے کا اچھا دور ہے۔ یہاں خدا کی طرف سے ہمیں ثواب اور نعمتوں کی شکل میں فوری اجر ملے گا۔ اس لیے وہ کہتے ہیں کہ یہاں اچھے کام کرنا نقد سودا ہے کہ اِدھر اچھا کام کیے اور اُدھر اس کا اجر ملا۔ اس طرح نظیر ایک ناصح اور مبلغ کی طرح لوگوں کو برے دور میں اچھے کاموں کی نصیحت کرتے ہیں۔

نظم ''کلجگ'' کے دوسرے بند میں نظیر اپنی نصیحتوں کا سلسلہ جاری رکھتے ہوئے مزید کہتے ہیں کہ انسان ایک پھول کی مانند ہے جب خدا نے اسے اچھی صفت پر پیدا کیا تو اسے کسی کی زندگی میں کانٹے کی طرح چبھن یا مشکلات پیدا نہیں کرنی چاہئے۔ لوگوں پر ظلم کرنا یا انہیں مصیبت میں ڈالنا ایک زہر کی طرح نقصان دہ عمل ہے۔ کسی کو دشمنی کی آگ میں نہیں ڈالنا چاہئے کیوں کہ انسان خود ایک گھاس کے گٹھے کی طرح ہلکا پھلکا نازک ہے۔ اگر ہم کسی کی زندگی میں آگ کی طرح مشکلات لائیں گے تو ہم بھی اس آگ کا شکار ہو سکتے ہیں۔ اس لئے نظیر لوگوں کو خبردار کرتے ہوئے زندگی کے اس اہم نکتے کی طرف اشارہ کرتے ہوئے کہتے ہیں کہ یہ سیاہ دور یا کالا زمانہ نہیں بلکہ اچھے کام کرنے کا اچھا دور ہے۔ یہاں خدا کی طرف سے ہمیں ثواب اور نعمتوں کی شکل میں فوری اجر ملے گا۔ اس لیے وہ کہتے ہیں کہ یہ اچھے کام کرنا نقد سودا ہے کہ اِدھر اچھا کام کیے اور اُدھر اس کا اجر مل جاتا ہے۔

نظم ''کلجگ'' کے تیسرے بند میں نظیر انسانوں کے لیے اچھی باتوں اور نصیحتوں کا سلسلہ جاری رکھتے ہوئے کہتے ہیں کہ اگر ہم کسی کی تعریف کریں گے تو بدلے میں لوگ ہماری تعریف بھی کریں گے۔ انسانوں کی عادت ہوتی ہے کہ وہ ہمیشہ دوسروں کی برائی کرتے رہتے ہیں جب کہ ہماری تہذیب و تربیت کا تقاضہ ہے کہ ہم لوگوں کے سامنے اور پیچھے ان کی اچھائیاں ہی بیان کریں اس رویے سے لوگ ہمیں بھی پسند کریں گے اور ہماری تعریف بھی

دوسروں کے سامنے کریں گے اور ایک اچھا معاشرہ تشکیل پائے گا۔ چنانچہ نظیر کہتے ہیں کہ ہم لوگوں کی مشکلات کو آسان کرنے والے بنیں۔ اچھا دوست وہی ہوتا ہے جو مشکل میں کسی کے کام آئے اللہ نے ہمیں اگر صحت' دولت' عزت اور حکومت کی شکل میں کچھ نعمتیں دی ہیں تو ان نعمتوں کو لوگوں کی مدد کے لئے استعمال کرنا چاہئے اس سے خدا ہمارے لئے آسانیاں پیدا کرے گا۔ انسانی تہذیب کا تقاضہ ہے کہ ہم مہمان کا اکرام کریں بھوکوں کو کھانا کھلائیں ۔ضرورت مندوں کی مدد کریں تو مشکل اوقات میں لوگ ہماری مدد کریں گے۔ ہماری زندگی میں اکثر ایسے حالات آتے ہیں کہ دولت اور زندگی کی تمام سہولتیں ہونے کے باوجود ہمیں کسی کی ضرورت پیش آجاتی ہے اس وقت سماج میں اگر ہماری اچھی شناخت ہوگی تو مشکل اوقات میں لوگ ہماری مدد کو آئیں گے۔ اگر کوئی ضرورت مند روٹی طلب کرے یا آپ سے کچھ مانگے تو اپنی سکت سے بڑھ کر ہمیں کسی کی مدد کرنا چاہئے۔ سخت گرمی میں پانی پلانا بڑے ثواب کا کام ہے اور ہم دیکھ رہے ہیں کہ لوگ پانی پلانے کے کام میں بڑھ چڑھ کر آگے آرہے ہیں۔ چنانچہ اس فانی دنیا میں اچھے کام کرتے ہوئے اپنی آخرت میں نیکیوں کے ذخیرے کو بڑھاتے رہنا چاہئے اسی لئے نظیر اس زمانے کو بیان کرتے ہوئے کہتے ہیں کہ یہ سیاہ دوریا کالا زمانہ نہیں بلکہ اچھے کام کرنے کا اچھا دور ہے۔ یہاں خدا کی طرف سے ہمیں ثواب اور نعمتوں کی شکل میں فوری اجر ملے گا۔ اس لئے وہ کہتے ہیں کہ یہاں اچھے کام کرنا نقد سودا ہے کہ اِدھر اچھا کام کئے اور اُدھر اس کا اجر مل جاتا ہے۔

نظم ''کلجگ'' کے چوتھے بند میں نظیر لوگوں کو مزید برے کاموں سے رکنے کی تلقین کرتے ہوئے کہتے ہیں کہ ہمیں اپنے نفع کے لئے کسی کا نقصان نہیں کرنا چاہئے جب کہ اس برے دور میں ہم دیکھتے ہیں کہ لوگ ملاوٹ' جھوٹ اور دھوکہ دہی کہ ذریعے عارضی نفع کمانے کے لالچ میں لوگوں کا نقصان کرتے ہیں۔ زندگی کے ہر شعبے میں ملاوٹ اور جھوٹ شامل ہوگیا ہے جس سے انسانیت کو نقصان پہونچ رہا ہے۔ اور نظیر نے جس بات کی طرف اشارہ کیا ہے کہ

اگر ہم کسی اور کے نقصان کے لئے گڑھا کھودتے ہیں تو کبھی نہ کبھی اسی گڑھے میں خود گرتے ہیں۔ اشیاء میں ملاوٹ کرنے والے خود بھی اس کا شکار ہوتے ہیں۔ نظیر روزمرہ زندگی کے آداب بیان کرتے ہوئے کہتے ہیں کہ کھانا دیکھ کر کھانا چاہئے کہ اس میں کہیں کوئی نقصان دہ چیز تو نہیں اسی طرح پانی کو دیکھ کر اور چھان کر پینا چاہئے۔ یہ دنیا جگہ جگہ خطرات سے بھری ہے اس لئے ہمیں ہر قدم پھونک کر رکھنا چاہئے اور سنبھل کر زندگی گزارنی چاہئے۔ ہمیں حالات سے گھبرانا نہیں چاہئے بلکہ مشکلات کا بہادری سے سامنا کرنا چاہئے اسی لئے نظیر اس زمانے کو بیان کرتے ہوئے کہتے ہیں کہ یہ سیاہ دور یا کالا زمانہ نہیں بلکہ اچھے کام کرنے کا اچھا دور ہے۔ یہاں خدا کی طرف سے ہمیں ثواب اور نعمتوں کی شکل میں فوری اجر ملے گا۔ اس لیے وہ کہتے ہیں کہ یہاں اچھے کام کرنا نقد سودا ہے کہ اِدھر اچھا کام کیے اور اُدھر اس کا اجر مل جاتا ہے۔

نظم ''کلجگ'' کے آخری بند میں نظیر انسانوں کو نصیحت کرتے ہوئے کہتے ہیں کہ یہ دنیا غفلت کی جگہ نہیں ہے۔ غافلوں کی دنیا تو کیا خدا بھی مدد نہیں کرتا اس لئے انسانوں کو چاہئے کہ وہ دنیا کی زندگی کا علم رکھیں اچھے برے کی تمیز رکھیں اور برائی کو ترک کرتے ہوئے اچھی باتوں پر عمل کرتے رہیں۔ اللہ کے ہاں دیر ہے اندھیر نہیں۔ ہر شام کے بعد صبح ہوتی ہے ہر نشیب کے بعد فراز اور ہر مشکل کے بعد آسانی آتی ہے اس لئے اللہ کی ذات سے مایوس نہیں ہونا چاہئے اللہ نے جو دیا اس پر خوش رہنا چاہئے رب کا شکر گزار رہنا چاہئے۔ غم سے کچھ حاصل ہونے والا نہیں ہے خوشی میں شکر اور غم میں صبر کرتے رہنا چاہئے۔ نظیر اپنے آپ سے مخاطب ہوتے ہوئے دنیا کے لوگوں کو یہ مشورہ دیتے ہیں کہ ہمیں اپنے قدموں کی خاک کی طرح ہلکا پھلکا رہنا چاہئے یہ دنیا مسافر خانہ ہے اور یہاں عمل اور نیکی کا توشہ تیار کرتے ہوئے ہمیں ہمیشہ آخرت کے سفر پر جانے کے لئے تیار رہنا چاہئے۔ دنیا وہ جگہ ہے جہاں ہمیں جسمانی اور روحانی طور پر پاک وصاف اور بے باک رہنا چاہئے۔ یہ دنیا بھلے ہی برائی اور مظالم کی جگہ ہوگی

لیکن ہمیں اپنے اچھے کاموں کے ذریعے مثالی انسان بن کر رہنا چاہئے تب ہی ہم کامیاب انسان کہلائے جاسکتے ہیں اور ہمارارب ہمیں اپنے اچھے کاموں کا نقد اجر فوری عطا کرے گا۔

مرکزی خیال: نظیرا کبرآبادی نے نظم ''کلجگ'' میں انسانوں کو نیک وصالح زندگی گزارنے اور اچھے کاموں کی تلقین کی ہے۔اور کہا کہ اس دنیا میں نیکی کا بدلہ فوری ملے گا اور اچھا ملے گا اس لیے وہ برے زمانے میں لوگوں کو اچھائی کی تلقین کرتے ہیں۔نظیر کی نصیحتیں انسانوں کے لئے ہیں تاکہ ایک فرد کی تعمیر سے ایک معاشرے کی تعمیر ہو۔اور سیاہ وتاریک دور سے انسانیت کی شمع روشن ہو۔نظیر نے جو نصیحتیں انسانوں کے لیے کی ہیں دراصل وہ پیغمبر انسانیت حضرت محمد مصطفیٰ صلی اللہ علیہ وسلم کی تعلیمات ہیں جن سے نہ صرف ہمارا معاشرہ بلکہ ساری انسانیت کی تعمیر ممکن ہے۔نظیر کا یہ پیغام ہمارے آج کے نوجوانوں کی کردار سازی کے لیے بھی اہم ہے جو مستقبل کے شہری ہیں اگر ان کے اخلاق وکردار سنور جائیں تو ہمارا مستقبل تابناک ہوگا۔

نظیرؔ کا شہر آشوب اور ہندوستان کی مفلسی

نظیرؔ نے اپنے طویل دور حیات میں تقریباً بارہ بادشاہوں کا زمانہ دیکھا تھا۔ اس دور میں اگر بادشاہ رعایا کا اچھا خیال نہ کرے تو شعرا ہجو یہ قصیدے بھی لکھا کرتے تھے۔ نظیرؔ نے اس شہر آشوب میں اس دور کے آگرے کی بدحالی کی جو تصویر پیش کی ہے اگر اس شہر آشوب میں آگرے کی جگہ ہند کا لفظ بدل دیا جائے تو ہندوستان میں حالیہ عرصے میں نوٹوں کی تنسیخ کے حکومت کے فیصلے، کرونا وبا اور دیگر آسمانی وسلطانی آفتوں کے بعد معاشی بدحالی کے جو حالات ملک بھر میں پیدا ہوئے ان کا اندازہ نظیرؔ کے اس شہر آشوب سے لگایا جاسکتا ہے۔ نظیرؔ نے اس شہر آشوب کو مخمس کی شکل میں لکھا ہے یعنی ہر بند میں پانچ مصرعے لکھے۔ پہلے بند کے آخری مصرعے میں انہوں نے لکھا کہ ''جب آگرے کی خلق کا ہو روزگار بند'' اس کے بعد دوسرے بند میں جو حالات پیش کیے ہیں وہ ہندوستان کے بدحال معاشی حالات سے مطابقت رکھتے ہیں۔ نظیرؔ کہتے ہیں:

بے روزگاری نے یہ دکھائی ہے مفلسی کوٹھے کی چھت نہیں ہے یہ چھائی ہے مفلسی
دیوار و در کے بیچ سمائی ہے مفلسی ہر گھر میں اس طرح سے پھر آئی ہے مفلسی
پانی کا ٹوٹ جاوے ہے جوں ایک بار بند

نظیرؔ نے جس طرح لکھا کہ چاروں طرف سے لوگوں کو مفلسی نے آگھیرا ہے آج اسی طرح کا حال ہندوستان میں ہے۔ نوٹ بندی اور کرونا وباء کے بعد غریب اور محنت کش طبقہ مفلسی

کا زیادہ شکار ہو گیا ہے۔ لوگوں کو مزدوری نہیں مل رہی ہے۔ زرعی سرگرمیاں ٹھپ ہیں۔ تعمیراتی کام رکے ہوئے ہیں اور لوگ روزانہ ضروریات زندگی کی تکمیل میں پریشان ہیں۔ لوگوں کو اپنی رقم نکالنے پر پابندی ہے اور قطار میں ٹہر کا اپنی رقم نکالنا پڑ رہا ہے۔ موجودہ حالات میں دولت کا چکر رک گیا ہے اور معاشی سرگرمیاں نہ ہونے سے چاروں طرف مفلسی چھا گئی ہے۔ ماہرین معاشیات کا کہنا ہے کہ اس طرح کے حالات اگلے پانچ چھ مہینے تک رہیں گے۔ کالے دھن کو بے نقاب کرنے حکومت نے یہ اقدام کیا ہے لیکن اس کی مناسب منصوبہ بندی نہ ہونے سے یہ اپنے پیر پر کلہاڑی مارنے کے مترادف اقدام بن گیا ہے اور ہندوستان کی شرح نمو انتہائی حد تک گرتی جارہی ہے۔ آج جس طرح کاروبار بند ہونے سے محنت کشوں کو بیروزگاری کا سامنا کرنا پڑ رہا ہے کچھ اس طرح کی منظر نگاری نظیر نے بھی اپنے اس شہر آشوب میں کی ہے وہ کہتے ہیں:

اب آگرے میں جتنے ہیں سب لوگ ہیں تباہ　　آتا نظر کسی کا نہیں ایک دم نباہ
مانگو عزیزو ایسے برے وقت سے پناہ　　وہ لوگ ایک کوڑی کے محتاج اب ہیں آہ
کسب و ہنر کے یاد ہیں جن کو ہزار بند

مارے ہے ہاتھ ہاتھ پہ سب یاں کے دست کار　　اور جتنے پیشہ ور ہیں سو روتے ہیں زار زار
کوٹے ہے تن لوہار تو پیٹے ہے سر سنار　　کچھ ایک دو کے کام کا رونا نہیں ہے یار
چھتیں پیشے والوں کے ہیں کاروبار بند

نظیر نے جس طرح چھتیس پیشے کی بات کی ہے آج ہندوستان کے حالات پر نظر ڈالی جائے تو بہت حد تک صورتحال وہی نظر آتی ہے جس کے بارے میں نظیر نے دو سو سال قبل بات کہی ہے۔ نوٹ بندی کے فوری بعد لوگوں کے ہاتھ سے کرنسی چھین لی گئی۔ ہندوستان ایک دیہی ملک ہے آج بھی ملک کی 70% آبادی دیہاتوں میں رہتی ہے جہاں لوگ محنت مزدوری کرتے ہیں اور اس کے بدل ملنے والے روپیے سے اپنے کھانے کا انتظام کرتے ہیں۔ حکومت کہتی ہے کہ اپنے پرانے نوٹ بنک میں جمع کراؤ اور کریڈٹ کارڈ یا پے ٹی ایم سے رقم کی ادائیگی کرو۔

حکومت کو کیا اندازہ نہیں ہے کہ بازار میں ترکاری پھل اور دیگر اناج کی دکانوں پر نہ ہی الیکٹرانک مشین لگی ہوتی ہے اور نہ ہی غریب کے ہاتھ میں الیکٹرانک پیمنٹ کارڈ۔ دیہاتوں میں بنک نہ ہونے سے لوگوں کو اپنی مزدوری چھوڑ کر دور دراز علاقوں میں قائم بنکوں کو جانا پڑ رہا ہے اور وہاں لمبی قطار میں لگ کر اپنی دولت حاصل کرنا پڑ رہا ہے۔ ملک بھر میں ٹرک چلانے والے بیروزگار ہوگئے ہیں کیوں کہ لوگ مال نہیں بھر رہے ہیں۔ کسانوں نے اپنی پیداوار کو سڑکوں پر لاکر پھینک دیا کیوں کہ ان کے خریدار نہیں رہے۔ دودھ والوں نے اپنے دودھ کو پھینک کر احتجاج کیا۔ بہر حال ملک میں انارکی کا عالم ہے۔ کام نہ ملنے اور اس کے نتیجے میں آنے والی مفلسی کو بیان کرتے ہوئے نظیر کہتے ہیں:

محنت سے ہاتھ پاؤں کی کوڑی نہ ہاتھ آئے بے کار کب تلک کوئی قرض وادھار کھائے
دیکھو جسے وہ کرتا ہے رورو کے ہائے ہائے آتا ہے ایسے حال پہ رونا ہمیں تو ہائے
دشمن کا بھی خدانہ کرے کاروبار بند

جب انسان انتہائی مشکل حالات کا شکار ہوتا ہے تو وہ دل سے کہتا ہے کہ دشمن بھی ایسے حالات کسی پر نہ لائے۔ ہمارے حکمران ملک سے غریبی دور کرنے کے نام پر ووٹ لیتے ہیں لیکن ان کے اقتدار اپر آنے کے بعد سارے کام ایسے ہوتے ہیں جس سے غریبی تو کیا دور ہوگی غریب ہی مر جائے گا۔ کیوں کہ نوٹ بندی کے بعد پریشان حال لوگوں میں دوسو سے زائد لوگ قطار میں ٹھہر کر مر چکے ہیں۔ خواتین قطاروں میں ٹھہری ہیں کچھ لوگ دلبرداشتہ ہوکر خودکشی کر رہے ہیں۔ اور ہماری حکومت روز ایسے اعلانات کرتی ہے جس سے امیر کو فائدہ پہونچتا ہے غریب کو نہیں۔ جب سے نوٹ بندی شروع ہوئی حکومت کے کسی وزیر نے کسی گاؤں کا دورہ نہیں کیا۔ متاثرہ لوگوں سے ہمدردی کی بات تک نہیں کی بس دہلی میں بیٹھ کر ٹی وی کے سامنے بیان دیا جاتا ہے کہ جب اچھا کام کیا جاتا ہے تو مشکلات تو آتی ہی ہیں لیکن یہ کیسی مشکل کے امیر کا کالا دھن نکالنے کے لیے غریب کی جان ہی لے لی جائے۔ ہمارے حکمرانوں کو یہ سوچنا چاہئے کہ دیش غریب کی

محنت سے چلتا ہے امیر کی دولت سے نہیں۔

نظیرؔ نے شہر آشوب میں مفلسی کے سبب لوگوں کی حالت زار کو کچھ اس طرح بیان کیا ہے۔

قسمت سے چار پیسے جنہیں ہاتھ آتے ہیں — البتہ روکھی سوکھی وہ روٹی کھاتے ہیں
جو خالی آتے ہیں وہ قرض لیتے جاتے ہیں — یوں بھی نہ پایا کچھ تو فقط غم کھاتے ہیں
سوئے ہیں کر کواڑ کو اک آہ مار بند

جتنے ہیں آج آگرے میں کارخانہ جات — سب پر پڑی ہے آن کے روزی کی مشکلات
کس کس کے دکھ کی روئے اور کس کی کہیے بات — روزی کے اب درخت کا ہلتا نہیں ہے پات
ایسی ہوا کچھ آ کے ہوئی ایک بار بند

جب حکمران حالات پیدا کر کے خاموش ہو جاتا ہے تو غریب عوام اپنے پیدا کرنے والے رب کی طرف متوجہ ہوتے ہیں۔ کیوں کہ یہ رب ہی ہے جو کسی کو بھوکا سونے نہیں دیتا۔ اس لیے اپنی ہر ضرورت کو اپنے پالنے والے رب سے مانگنے کی تلقین کرتے ہوئے نظیرؔ غریب عوام کے جذبات کی عکاسی یوں کرتے ہیں:

کوئی پکارتا ہے پڑا بھیج اے خدا — اب تو ہمار کام تھکا بھیج اے خدا
کوئی کہے ہے ہاتھ اٹھا بھیج اے خدا — لے جان اب ہماری تو یا بھیج اے خدا
کیوں روزی یوں ہی لی مرے پروردگار بند

ہے میری حق سے اب یہ دعا شام اور سحر — ہو آگرے کی خلق پہ اب مہر کی نظر
سب کھاویں پیویں شاد رہیں اپنے اپنے گھر — اس ٹوٹے شہر پر بھی الٰہی تو فضل کر
کرتے ہیں ہونٹ اپنے شرمسار بند

جس طرح نظیرؔ نے شہر آشوب کے آخر میں رب کے حضور دعائیہ الفاظ کہے ہیں ویسے ہی اہل وطن کو چاہیئے کہ وہ رب کے حضور دعا کریں کہ لوگوں کے حالات بہتر ہوں۔ ان کی معاشی بدحالی دور ہو۔ اور فطرت کے قانون کے خلاف جو کام ہو رہا ہے وہ بند ہو۔ اہل وطن کو چاہیئے کہ وہ

اپنے اطراف رہنے والے غریبوں کا خیال رکھیں۔ بڑی مارکیٹ سے خریداری کرنے کے بجائے چھوٹے بیوپاریوں سے خریداری کریں۔ ترکاری بیچنے والے اور پھل بیچنے والے غریب ٹھیلہ فروشوں سے کاروبار کریں تاکہ ان کا سامان بکے اور ان کے گھر بھی چولہا جلے۔ دولت کا چکر چلتا رہے تو حالات سدھریں گے اور ہندوستان کی مفلسی دور ہو گی۔ نظیر نے جس طرح اپنے دور کے حالات بیان کیے اس طرح ہم بھی کہہ سکتے ہیں کہ جب ملک پر حالات آئیں تو ادیب اور قلمکار بھی اپنے جذبات کا اظہار کرتے ہیں اور عوام کے غم کو بانٹتے ہیں۔ نظیر کہتے ہیں:

عاشق کہو اسیر کہو آگرے کا ہے　　　ملا کہو دبیر کہو آگرے کا ہے
مفلس کہو فقیر کہو آگرے کا ہے　　　شاعر کہو نظیر کہو آگرے کا ہے

اس واسطے یہ اس نے لکھے پانچ چار بند

مرکزی خیال: نظیر نے شہر آشوب میں انسانوں کی معاشی بدحالی کے جو مناظر پیش کیے ہیں وہ حالیہ عرصے میں ہندوستان میں کئی مرتبہ عوام کے سامنے پیش ہو چکے ہیں۔ کرونا وبا کے بعد جس طرح ملک بندی کی گئی تو یومیہ مزدور دانے دانے کو ترس گئے تھے۔ لیکن خدا رزاق ہے کہ مصداق اس مشکل گھڑی میں اللہ کے نیک بندوں نے امداد کے دروازے کھول دیئے اور لوگوں کو کسی طرح دو وقت کی روٹی نصیب ہو سکی۔ لوگ حالات سے گھبرا کر پیدال ہزاروں کلومیٹر کا سفر طے کرنے لگے اس طرح نظیر کے شہر آشوب نے ایک مرتبہ پھر ہندوستان کی بدحالی کی تصویر عام کر دی۔

مستقبل — اکبر الہ آبادی

سید اکبر حسین اکبر الہ آبادی (1846-1921) اردو کے مشہور طنزیہ شاعر گذرے ہیں۔ اکبر نے جس زمانے میں شاعری کی اس وقت ہندوستان میں مغلیہ سلطنت کو زوال آ گیا تھا۔ انگریز ہندوستان پر قابض ہو گئے تھے۔ 1857ء کے بعد سرسید نے مسلمانوں کو انگریزی تعلیم کی طرف راغب کیا۔ لیکن مسلمان اسلامی تہذیب چھوڑ کر انگریزی تہذیب اختیار کرنے لگے تھے۔ اور ان کی مذہبی شناخت خطرے میں پڑ گئی تھی۔ اکبر نے اس بات کو محسوس کیا اور اپنی طنزیہ شاعری کے ذریعہ مسلمانوں کو مغربی تہذیب کے برے اثرات سے واقف کروایا۔ اور اس سے دور رہنے کی تلقین کی۔ سرسید نے جو کام مسلمانوں کی اصلاح کے لیے کیا اکبر نے وہی کام اپنی شاعری کے ذریعہ کیا۔ مسلمانوں کی تہذیبی اصلاح کی کوشش کی۔ اکبر کی ایک نظم کا نام "مستقبل" ہے، جس کی تفہیم اس طرح ہے۔

یہ موجودہ طریقے راہی ملک عدم ہوں گے
نئی تہذیب ہوگی اور نئے ساماں بہم ہوں گے
نئے عنوان سے زینت دکھائیں گے حسیں اپنی
نہ ایسا پیچ زلفوں میں نہ گیسو میں یہ خم ہوں گے
نہ خاتونوں میں رہ جائے گی پردے کی یہ پابندی

نہ گھونگھٹ اس طرح سے حاجبِ روئے صنم ہوں گے
بدل جائے گا انداز طبائع دور گردوں سے
نئی صورت کی خوشیاں اور نئے اسباب غم ہوں گے
خبر دیتی ہے تحریک ہوا تبدیل موسم کی
کھلیں گے اور ہی گل زمزمے بلبل کے کم ہوں گے
عقائد پر قیامت آئے گی ترمیم ملت سے
نیا کعبہ بنے گا مغربی پتلے صنم ہوں گے
بہت ہوں گے مغنی نغمہ تقلید یورپ کے
مگر بے جوڑ ہوں گے اس لیے بے تال وسم ہوں گے
ہماری اصطلاحوں سے زباں نا آشنا ہوگی
لغات مغربی بازار کی بھاشا سے ضم ہوں گے
بدل جائے گا معیار شرافت چشم دنیا میں
زیادہ تھے جو اپنے زعم میں وہ سب سے کم ہوں گے
گزشتہ عظمتوں کے تذکرے بھی رہ نہ جائیں گے
کتابوں ہی میں دفن افسانہ جاہ و حشم ہوں گے
کسی کو اس تغیر کا نہ حس ہوگا نہ غم ہوگا
ہوئے جس ساز سے پیدا اسی کے زیر و بم ہوں گے
تمھیں اس انقلاب دہر کا کیا غم ہے اے اکبرؔ
بہت نزدیک ہیں وہ دن کہ تم ہوگے نہ ہم ہوں گے

نظم کی تفہیم

اکبر الہ آبادی زمانہ شناس شاعر تھے۔ انہوں نے ایک عالم اور ایک نباض کی طرح اپنے زمانہ کی شخصیتیں دیکھیں۔ جب کہ ان کے عہد کے لوگ تیزی سے مغربی تہذیب و تمدن اختیار کر رہے تھے۔ زمانے کی تیز رفتار ترقی کو دیکھتے ہوئے اکبر نے آنے والے مستقبل کی ایک خیالی تصویر نظم ''مستقبل'' میں پیش کی ہے۔ اکبر کہتے ہیں کہ زندگی کے موجودہ طریقے ختم ہو جائیں گے اور آنے والے زمانے میں نئی تہذیب ہوگی۔ اور لوگوں کے پاس زندگی گذارنے کے نئے نئے سامان ہوں گے۔ اکبر کے زمانے میں مادی ترقی کم تھی انگریزوں کے لائے صنعتی انقلاب سے مشینیں آنی شروع ہوگئی تھیں۔ ریل گاڑی آ گئی تھی لوگ ایک مقام پر خوشحال رہتے تھے۔ فرصت زیادہ تھی اکبر نے جس مستقبل کا اشارہ کیا وہ اب حال ہے۔ آج مادی ترقی بڑھ گئی ہے۔ انسان زندگی میں مشینوں پر انحصار کر رہا ہے۔ انٹرنیٹ اور فون سے دنیا سمٹ گئی ہے کمپیوٹر زندگی کے شعبوں میں داخل ہو گیا ہے۔ لوگوں کے پاس مصروفیت بڑھ گئی ہے اور فرصت ختم ہوگئی ہے۔ اسی کے ساتھ پرانی اور اچھی قدریں بھی ٹوٹ گئی ہیں۔ آج اولاد کو ماں باپ سے ملنے کا وقت بھی نہیں رہا۔ اکبر نے ایسے زمانے کی آمد کی بھنک پہلے ہی لگا لی تھی۔ اکبر کہتے ہیں کہ آنے والے زمانے میں لوگوں کو اپنی زیب و زینت کے اظہار کے نئے طریقے مل جائیں گے۔ لباس، بالوں کی ترتیب اور انسان کے ظاہر میں بڑی تبدیلی آ جائے گی۔ آج فیشن کے نام پر عورتوں کا لباس تنگ اور کم ہو رہا ہے۔ اور مرد بھی بھڑکتے رنگوں کے لباس زیب تن کر رہے ہیں۔ بالوں کی بناوٹ ایسی ہوگئی ہے کہ پتہ ہی نہیں چلتا کہ عورت ہے یا مرد۔ اس طرح نئے زمانے کا ڈھنگ ہی بدل گیا ہے۔

اکبر نے اپنی شاعری میں مسلم خواتین کی بے پردگی پر طنز کیا ہے۔ چنانچہ اس نظم میں بھی اکبر کہتے ہیں کہ آنے والے زمانے میں خواتین پردے کی پابندی نہیں کریں گے۔ اور نہ ہی اپنے چہروں کو گھونگھٹ سے ڈھانپیں گی۔ اکبر نے بے پردگی کے بارے میں جن خدشات کا اظہار کیا

تھا وہ آج شہروں میں زیادہ ہے اور دیہی علاقوں میں بھی اس کے اثرات رونما ہو رہے ہیں۔ بے پردگی سے معاشرے میں کئی برائیاں جنم لیتی ہیں۔ اس لئے اکبؔر نے بے پردگی کا ذکر کرتے ہوئے ہر زمانے کی مسلم خواتین کو مکمل پردے کی پابندی کرنے پر زور دیا ہے۔ اکبرؔ آنے والے زمانے کے خطرات سے ہمیں آگاہ کرتے ہوئے مزید لکھتے ہیں کہ زمانے کی چال یہ خبر دیتی ہے کہ زندگی کے ہر معاملے میں بڑی تبدیلی ہوگی۔ ملت اسلامیہ کے عقائد میں کمزور پیدا ہوگی اور دین کی باتوں کو بے دینی اور بے دینی کی باتوں کو دین سمجھا جائے گا۔ اکبرؔ عقیدہ کے بارے میں راسخ انسان تھے۔

مسلمانوں کا مذہبی عقیدہ ہے کہ اللہ ایک ہے اور وہ ہر چیز پر قدرت رکھتا ہے۔ اس کے حکم سے دنیا کا ہر کام ہوتا ہے۔ انسان کو ظاہری یا باطنی ہر قسم کی عبادت اسی کے لیے کرنی ہے۔ محمد الرسول اللہ ﷺ اللہ کے رسول ہیں۔ آپ ؐ آخری پیغمبر ہیں آپ کا لایا ہوا دین قیامت تک باقی رہے گا اور اس پر چلنے سے دنیا کے لوگوں کی کامیابی ہے۔ جو مسلمان صحابہؓ کے طریقوں سے ہٹ کر زندگی گذارے وہ اپنے عقیدے اور اپنے دین پر قائم نہیں رہیں گے۔ اکبؔر نے عقائد میں بگاڑ کی جو بات کہی ہے وہ اب سامنے آ چکی ہے حدیث کے مفہوم کے مطابق آج مسلمان کئی فرقوں میں بٹ گئے ہیں۔ اور ہر فرقہ اپنے آپ کو صحیح اور دوسروں کو غلط سمجھ رہا ہے اور اکبر کے مطابق لوگوں کے عبادت کے طریقے بدل گئے ہیں۔

اکبر آگے کہتے ہیں کہ ہندوستان والے مغربی تہذیب وطرز زندگی اپنانے کی کوشش کریں گے لیکن یہ لوگ نہ مغربی ہوں گے نہ مشرقی اور ان کی زندگی مذاق بن جائے گی۔ آج بیشتر ہندوستانی انگریزی طرز زندگی اپنانے کی کوشش میں نہ ہندوستانی ہو رہے ہیں اور نہ انگریزی تہذیب والے۔ لوگ قدیم زبان بھولنے لگیں گے۔ اور انگریزی میں بات کرنے کو شان سمجھیں گے۔ اکبؔر کے دور کے مطابق آج ہندوستانی مادری زبان میں تعلیم حاصل کرنے میں عار محسوس کر رہے ہیں اور انگریزی میڈیم میں تعلیم حاصل کرنے میں فخر اور وقار محسوس کر رہے ہیں۔ دنیا

میں شرافت کا معیار اور پیمانہ بدل جائے گا۔ پہلے تعلیم یافتہ اور سنجیدہ لوگوں کو شریف سمجھا جاتا تھا۔ آنے والے زمانے میں لوگوں نے جو کارنامے انجام دیئے تھے وہ کتابوں سے ہوتے ہوئے آہستہ آہستہ مکمل طور پر بھلا دیئے جائیں گے۔ اور نئی نسل ان کے کارناموں سے ناواقف ہوگی۔ آج ہندوستان کی نئی نسل کو اپنے آباء واجداد کے کارنامے ویسے یاد نہیں جیسے ہونے چاہئے۔ اکبر کہتے ہیں کہ زمانے میں آنے والی اس انقلابی تبدیلی کا غم اور دکھ کسی کو نہیں ہوگا لوگ اپنی اپنی زندگیوں میں مست ہو جائیں گے اور جس میں ہوں اُسی میں رنگ جائیں گے۔ انہیں اپنی تہذیب اور شناحت کی کچھ پرواہ نہیں ہوگی۔ اکبر اپنے آپ کو تسلی دیتے ہوئے نظم ''مستقبل'' کے آخر میں کہتے ہیں کہ دنیا میں انقلابی تبدیلی آئے گی۔ لیکن اس تبدیلی کے وقت نہ اکبر ہوں گے اور نہ ان کے عہد کے لوگ۔ آنے والا زمانہ کتنا خطرناک ہوگا یہ اُسی وقت کے لوگ جان سکیں گے۔

مرکزی خیال:۔ اکبر نے اپنی نظم ''مستقبل'' میں آنے والے زمانے کا ایک خیالی تصور پیش کیا ہے۔ اور اپنے دور کی تہذیب کا ''نوشتۂ دیوار'' پڑھتے ہوئے انہوں نے آنے والے زمانے کی تہذیب و معاشرت کی جو تصویر پیش کی وہ بہت حد تک سچ ثابت ہوئی۔ اس نظم کے ذریعہ اکبر یہ واضح کرنا چاہتے ہیں کہ مادہ پرستی اور مغرب پرستی کے اس دور میں ہندوستانیوں اور مسلمانوں کو اپنی مشرقی اور اسلامی تہذیب نہیں بھولنی چاہئے۔ اور اس پر سختی سے کاربند رہنا چاہئے۔ تب ہی ان کی ہر طرح کی کامیابی ممکن ہے۔

چاند اور تارے اقبال

ڈاکٹر سر محمد اقبالؔ اردو اور فارسی کے مشہور مفکر اور فلسفی شاعر گذرے ہیں۔ وہ 9/نومبر 1877ء کو موجودہ پاکستان کے صوبہ پنجاب کے مشہور شہر سیالکوٹ میں پیدا ہوئے۔ ان کے آباء واجداد کشمیری تھے۔ اقبال کی ابتدائی تعلیم سیالکوٹ میں ہوئی۔ اُن کے والد شیخ نور محمد نے اُن کی تعلیم و تربیت کے لیے انہیں سیالکوٹ کی مشہور شخصیت مولانا سید میر حسن کے سپرد کیا۔ اقبال کی زندگی پر اپنے استاد میر حسن کا بہت اثر رہا۔ اقبال کی اعلیٰ تعلیم لاہور میں ہوئی۔ جہاں سے انہوں نے 1897ء میں بی۔اے اور 1899ء میں فلسفہ سے ایم۔اے کیا۔ اورینٹل کالج لاہور میں عربی کے استاد مقرر ہوئے۔ 1903ء میں گورنمنٹ کالج لاہور میں فلسفہ کے اسسٹنٹ پروفیسر مقرر ہوئے۔ 1905ء میں اعلیٰ تعلیم کے لیے انگلستان گئے اور تین سال یوروپ میں قیام کیا۔ لندن میں بیرسٹر لاء اور جرمنی کی میونک یونیورسٹی سے پی۔ایچ۔ڈی کی ڈگری حاصل کی۔ ان کے ڈاکٹریٹ کے مقالہ کا عنوان Development of Meta Physics in Persia (ایران میں مابعد طبیعات کا ارتقاء) تھا۔ یہ مقالہ لندن سے شائع ہو چکا ہے جرمن اور اردو میں بھی شائع ہوا۔ اقبال 27/جولائی 1908ء کو لاہور واپس ہوئے اور وکالت شروع کی اس کے ساتھ گورنمنٹ کالج لاہور میں فلسفہ کی تعلیم بھی دیتے رہے بعد میں پروفیسری سے استعفیٰ دے دیا اور وکالت کو جاری رکھا۔

اقبالؔ کو بچپن ہی سے شعر گوئی سے دلچسپی تھی۔ اس زمانے میں آزادی ہند کی تحریک

اپنی طفولیت کی منزل سے گذر رہی تھی۔ اقبال نے پر جوش نظموں کے ذریعہ اس زمانے میں ہندوستانیوں کو انگریزوں کے خلاف متحد کرنا شروع کیا۔ ان کی نظمیں ''ترانہ ہندی' نیا شوالہ' ہمالہ' پرندے کی فریاد' ہندوستانی بچوں کا قومی گیت' ہندوستان کی قومی شاعری کی بہترین مثالیں ہیں۔ ان اثر انگیز نظموں کے ذریعہ اقبال نے قومی یکجہتی کا تصور پیش کیا۔ یورپ سے واپسی کے بعد اقبال کے افکار و خیالات میں بڑی تبدیلی آئی۔ اب ساری دنیا کے انسان اُن کی شاعری کے مخاطب بن گئے تھے۔ انہوں نے تمام انسانوں کو قوم' نسل ملک اور زبان کے امتیازات سے بلند ہو کر بنی نوع انسان کی فلاح و بہبود کو اپنا نصب العین بنانے کی تعلیم دی۔ اس طرح انہوں نے شاعری کو اپنے خاص پیام اور تعلیمات کا ذریعہ بنایا۔ اقبال نے لوگوں کو حرکت اور عمل کی تلقین کی۔ خودی' عشق اور مرد مومن کا تصور پیش کیا۔ شاہین کو علامت کے طور پر استعمال کیا۔ 1923ء میں حکومت ہند کی جانب سے ڈاکٹر اقبال کو ''سر'' کا خطاب دیا گیا۔ اور اُن کے استاد میر حسن کو شمس العماء کا خطاب عطا ہوا۔ 21 اپریل 1938ء کو اقبالؔ کا لاہور میں انتقال ہوا۔ اقبال کی شاعری کے چار مجموعے بانگِ درا' بالِ جبریل' ضربِ کلیم اور ارمغانِ حجاز شائع ہو چکے ہیں۔ اقبال کے کلام کے دنیا کی بیشتر زبانوں میں تراجم شائع ہو چکے ہیں۔ اقبالؔ کا کلام فلسفیانہ بصیرت' شاعرانہ حسن اور اثر انگیز کا ایک حسین امتزاج ہے۔

اقبال کی شاعری ہمارا عظیم تہذیبی وفکری سرمایہ ہے۔ اور اس سرمایے سے استفادہ کرتے ہوئے ہم اپنی زندگی کے مسائل کے حل کی راہ میں روشنی حاصل کر سکتے ہیں۔ اقبال کو فلسفی کہا گیا اور یہ بھی کہ انہوں نے اپنی شاعری کے ذریعے انسانیت کو اعلٰی قدروں کا پیغام دیا ہے۔ اقبالؔ کا کلام فلسفیانہ بصیرت' شاعرانہ حسن اور اثر انگیزی کا ایک حسین امتزاج ہے۔ اقبالؔ کی نظموں کا انفرادی مطالعہ بھی ہمیں فکر اقبالؔ کو تفصیلی طور پر سمجھنے کا موقع فراہم کرتا ہے۔ اقبال نے اپنی نظموں میں بڑی فکر انگیز باتیں پیش کی ہیں۔ ان کی ایک مشہور نظم ''چاند اور تارے'' ہے۔ اس نظم میں چاند اور تاروں کی باہمی گفتگو کے ذریعہ اقبالؔ نے وقت کا فلسفہ اور تخلیق کائنات کا

مقصد پیش کیا ہے۔اور کائنات کی تمام اشیاء اور انسان کے سفر کے انجام سے آگاہ کرایا ہے۔ تارے اور چاند بے جان اشیاء ہیں لیکن وہ انسانوں کی طرح گفتگو کرتے دکھائے گئے ہیں۔اردو میں بے جان اشیاء کی گفتگو کو تمثیل کہتے ہیں اس کا مقصد انسانوں کو سبق دینا ہے۔اقبالؔ کی نظم'' چاند اور تارے'' اس طرح ہے۔

ڈرتے ڈرتے دم سحر سے
تارے کہنے لگے قمر سے
نظارے رہے وہی فلک پر
ہم تھک بھی گئے چمک چمک کر
کام اپنا ہے صبح و شام چلنا
چلنا چلنا ، مدام چلنا
بے تاب ہے اس جہاں کی ہر شے
کہتے ہیں جسے سکوں، نہیں ہے
رہتے ہیں ستم کش سفر سب
تارے، انساں، شجر، حجر سب
ہوگا کبھی ختم یہ سفر کیا
منزل کبھی آئے گی نظر کیا

کہنے لگا چاند ، ہم نشینو
اے مزرع شب کے خوشہ چینو!
جنبش سے ہے زندگی جہاں کی
یہ رسم قدیم ہے یہاں کی

ہے دوڑتا اشہب زمانہ
کھا کھا کے طلب کا تازیانہ
اس رہ میں مقام بے محل ہے
پوشیدہ قرار میں اجل ہے
چلنے والے نکل گئے ہیں
جو ٹھہرے ذرا، کچل گئے ہیں
انجام ہے اس خرام کا حسن
آغاز ہے عشق، انتہا حسن

نظم کی تفہیم

''چانداورتارے'' مختصر نظم ہے جو دو بندوں پر مشتمل ہے۔ ہر بند میں چھ اشعار ہیں۔ پہلے بند میں چاند سے تاروں کا استفسار ہے اور دوسرے بند میں ستاروں کے سوالات پر چاند کا حکیمانہ جواب دیا گیا ہے اقبال کی دیگر نظموں کی طرح اس نظم میں بھی انسانوں کے لیے کئی سبق آموز باتیں پیش کی گئی ہیں۔ اور انہیں حرکت وعمل کا پیام دیا گیا۔ نظم کے آغاز پر اقبال کہتے ہیں کہ آسمان پر موجود تارے صبح کے ڈر سے چاند سے پوچھتے ہیں کہ آسمان پر ایک عرصے سے وہی منظر ہے۔ اس میں کوئی تبدیلی واقع نہیں ہوئی۔ اور روز آنہ صبح شام چمکتے چمکتے ہم تھک گئے ہیں۔ ہم ایک عرصے سے روشنی دینے کا کام کرر ہے ہیں اور ایسا لگتا ہے کہ نہ صرف ہم بلکہ اس جہاں اور کائنات کی ہر شئے بے چین و بے تاب لگ رہی ہے اور کسی کو سکون دکھائی نہیں دے رہا ہے۔ مسافر لوگ کسی نہ کسی سفر کی دشواریوں میں مبتلا ہیں۔ تارے' انسان' درخت' پتھر غرض کائنات کی ہر شئے سکون کی تلاش میں سرگرداں دکھائی دے رہی ہے۔ کیا اس کائنات کا اور اس میں موجود چیزوں کا سفر کبھی ختم ہوگا۔ کیا کبھی انہیں سکون ملے گا کیا کبھی اس بے چین سفر کی منزل آئے گی۔
چاند سے تاروں کے ان فکر انگیز سوالوں کے ذریعہ اقبال نے کئی اہم باتیں پیش کی

ہیں انسانی مشاہدے میں آسمان پر تارے چھوٹے دکھائی دیتے ہیں اور چاند بڑا دکھائی دیتا ہے۔ تارے ہمیشہ چمکتے رہتے ہیں۔لیکن جب صبح ہوتی ہے تو سورج کی روشنی کی وجہ سے اُن کی روشنی چھپ جاتی ہے اور وہ آنکھوں سے اوجھل ہو جاتے ہیں۔اس لئے اقبال نے تاروں کو ڈرا ہوا اور سہا ہوا بتایا ہے۔تارے چاند سے اس لیے سوال کرتے ہیں کہ رات کے وقت آسمان پر اُن کے درمیان وہ بڑا دکھائی دیتا ہے اور اُس کی روشنی زیادہ دکھائی دیتی ہے۔انسانوں میں بھی یہ قاعدہ ہے کہ کم جاننے والے لوگ زیادہ پڑھے لکھے اور علم رکھنے والے لوگوں سے سوال کرتے ہیں چناں چہ تارے چاند سے سوال کرتے ہیں دراصل تاروں کا سوال انسانوں میں موجود مفکرین کا سوال اپنے خدا سے ہے کہ اے خدا یہ انسانیت کا سفر کب ختم ہوگا۔ یہ دنیا کا سفر کب ختم ہوگا۔اس دنیا میں ہر چیز سفر میں دکھائی دیتی ہے سب لوگ اپنے اپنے مقصد زندگی پر چلے جارہے ہیں۔اور ایسا لگتا ہے کہ سب کو کسی منزل کی تلاش ہ وہ منزل کیا ہے؟ اس بے چینی و بے قراری کے سفر کا انجام کیا ہے؟ اقبال نے ''کام اپنا ہے صبح وشام چلنا'' سے یہ واضح کردیا کہ کائنات کی ہر مخلوق کو اس کی پیدائش کے مقصد پر عمل کرنا ہوگا۔انسان بھی خدا کی پیدا کردہ مخلوق ہے۔اور اس کے پیدا کرنے والے خدا نے اس کا مقصد اطاعت اور بندگی بتایا ہے۔اب انسان یہ بھی سوچ لے کہ کیا وہ زندگی کے سفر میں اپنی پیدائش کے مقصد پر چل رہا ہے۔اگر نہیں چل رہا ہے تو یہ نافرمانی کی علامت ہے جس کا نتیجہ دنیا وآخرت میں نقصان کا ہونا ہے۔بحر حال اقبال نے زندگی کے اس لامتناہی سفر کے بارے میں تاروں کے سوالات کے ذریعہ یہ پیغام بھی دیا ہے کہ انسان کو اپنے مقصد تخلیق کے بارے میں سوچنا چاہئے۔اور کبھی کبھی کائنات کے بارے میں غور کرنا چاہئے اس سے زندگی کے پوشیدہ اسرار سے آگہی ہوسکتی ہے۔

نظم کے دوسرے حصے میں اقبال نے تاروں کے سوالات پر چاند کے جوابات پیش کیئے ہیں۔ چاند عالمانہ جواب دیتے ہوئے تاروں کو ہمنشینو ! سے خطاب کرتا ہے اور کہتا ہے کہ تم لوگ رات میں چمکتے ہو اس جہاں میں زندگی حرکت میں پوشیدہ ہے اور یہ دنیا کا سلسلہ اور کائنات

کا سفر قدیم زمانے سے جاری ہے۔ زمانہ مثل گھوڑا ہے جو دوڑ رہا ہے زمانے کی اس حرکت کے پیچھے لوگوں کی طلب، ضروریات ہیں۔ ہر مخلوق کو کسی نہ کسی چیز کی ضرورت ہے۔ اور ان ضرورتوں کی تکمیل کے لیے جو دوڑ لگ رہی ہے جو حرکت ہو رہی ہے اس سے اس کائنات کا کارخانہ چل رہا ہے۔ اگر ضرورت نہ ہوتی تو لوگ ہاتھ پہ ہاتھ رکھ کر بیٹھ جاتے اور اس کائنات کا نظام ٹھپ پڑ جاتا۔ اس دنیا میں کسی کو ٹھہرنا نہیں ہے۔ یعنی جس کی حرکت ختم ہوگئی وہ مردے کی مانند ہے اس لیے اس کائنات کے سفر میں جو چل رہے ہیں۔ وہ آگے بڑھ گئے ہیں اور جو ٹھہر گئے ہیں پیچھے سے آنے والوں کے پیروں تلے کچل گئے ہیں۔

اس کائنات کا آغاز عشق پر ہوا تھا یعنی کائنات کی ہر مخلوق اپنے خالق سے ملنے کے لیے بے چین اس کے عشق میں سرگرداں حرکت کر رہی تھی۔ اور حرکت کرتے کرتے یہ اپنے خالق سے جا ملے گی جب وہ اپنے خالق سے جا ملے گی تب اُسے اپنے خالق کے حسن کا دیدار ہوگا۔ تو ہر مخلوق کو چین وقرار آجائے گا اور اس کائنات کا سفر ختم ہو جائے گا۔

چاند کے فلسفیانہ جوابات سے اقبال نے انسانوں کو کئی اہم سبق دیئے ہیں سب سے پہلی بات یہ واضح کی کہ اگر کوئی کسی سے سوال کرے تو اُسے اچھے انداز میں جواب دینا چاہیئے۔ اور جواب تسلی بخش ہونا چاہیئے۔ چناں چہ چاند تاروں کو ہمنشین قرار دیتے ہوئے انسانوں کو بھی آپسی بھائی چارہ کا سبق دیتا ہے۔ تارے رات میں چمکتے ہیں یعنی اُن کی چمک ظاہر ہونے کے لیے رات کی سیاہی ضروری ہے۔ اسی طرح انسان کی نیکی ظاہر ہونے کے لیے سامنے برائی کی مثال ہونا ضروری ہے۔ یہ کائنات کا اُصول ہے چاند کے ذریعہ اقبال کہتے ہیں کہ حرکت وعمل سے ہی زندگی ہے اس طرح وہ بے عمل انسانوں کو خبردار کر رہے ہیں کہ بے عملی انفعالیت اور کچھ کام نہ کرنا موت کی نشانی ہے۔ انسان زندہ ہے تو اُس کے لیے کچھ نہ کچھ کام کرنا ضروری ہے پھر اقبال کہتے ہیں کہ ایک قدیم زمانے سے زندگی اور حرکت وعمل کا فلسفہ چلتا آرہا ہے۔ انسان کو اس کائنات کے آغاز وانجام کا قطعی علم نہیں ہے یہ تو خدا ہی جانتا ہے۔ اقبالؔ انسانی ذہنوں کو سمجھانے

کے لیے آگے کہتے ہیں کہ خدا نے انسان کو پیٹ کی بھوک دی۔ دیگر جاندار بھی زندہ رہنے کے لیے جستجو کرتے ہیں اور بے جان چیزیں خدا کے حکم کے مطابق لوگوں کے کام آتی ہیں۔ اس طرح انسان اپنی ضروریات کی تکمیل کے لیے حرکت کرتا ہے ایک انسان کی ضرورت دوسرے سے پوری ہوتی ہے اور کائنات کا نظام چلتا رہتا ہے اقبالؔ کہتے ہیں کہ اس دنیا میں کوئی نہیں ٹھہرتا۔ اگر کوئی رک گیا سمجھو وہ مر گیا کیونکہ حرکت وعمل کے بغیر بے جان چیز کسی کام کی نہیں رہتی انسان کے دل کی حرکت رک جائے تو وہ مر جاتا ہے۔ اس دنیا میں قرار کا مطلب موت ہے اس لئے انسان کو مسلسل حرکت وعمل جاری رکھنا چاہئے۔ اور زندگی میں منزل مقصود حاصل کرنے کی کوشش کرنا چاہئے۔ انسان اگر زندگی کے کاروان کا ساتھ دیتا رہے اور عمر کی ہر منزل پر مقررہ کام کرتا رہے تو اُس کی زندگی کامیاب ہوگی۔ ورنہ وہ عمر کے کسی مرحلہ پرستی اور کاہلی کا اظہار کرے اور ٹھہر جائے تو پیچھے سے آنے والا لوگوں کا قافلہ اُسے کچل دے گا۔ انسان زمانے کے ہاتھوں کچلا جائے گا۔ اس لیے انسان کو ہمیشہ وقت کا ساتھ دینا چاہئے اُسے ہر کام آج انجام دینے کی کی کوشش کرنی چاہئے۔ نظم کے آخر میں اقبالؔ زندگی کے سفر کے انجام کے بارے میں فلسفیانہ انداز میں کہتے ہیں کہ انسان اور کائنات کے آغاز سے اس بے چینی کا آغاز ہوا ہے جسے عشق کہتے ہیں اور اس عشق کا انجام اپنے خالق کا دیدار ہے یہ اس کائنات کے سفر کی انتہاء ہوتی ہے اور اس کائنات کا خالق سب سے حسین ہے۔ اور اس کے حُسن کا دیدار کرنے کے بعد انسان اور تمام مخلوقات کی ہر طرح کی بے چینی ختم ہو جائے گی۔ اور سب کو قرار آ جائے گا۔

اقبال نے نظم ''چاند اور تارے'' کے ذریعہ انسانوں کو حرکت وعمل کی تلقین کی ہے اور اس راز سے پردہ اُٹھایا ہے کہ زندگی کا سفر عشق پر مبنی ہے۔ اور اس سفر میں حرکت وعمل کے ذریعہ مسلسل آگے بڑھتے ہوئے انسان کو اپنی دنیا اور آخرت کو کامیاب بنانا ہے اور حقیقی حسن یعنی دیدار الٰہی کو پانے تک مسلسل جدوجہد جاری رکھنی چاہئے۔ بے عملی موت کی نشانی ہے اس سے انسان کی دنیا اور آخرت دونوں برباد ہوتے ہیں۔ اسطرح اقبالؔ کی یہ نظم انسانوں کے لیے حرکت وعمل کا پیام پیش کرتی ہے۔

بزمِ انجم

اقبال

سورج نے جاتے جاتے شام سیہ قبا کو　　طشت افق سے لے کر لالے کے پھول مارے
پہنا دیا شفق نے سونے کا سارا زیور　　قدرت نے اپنے گہنے چاندی کے سب اتارے
محمل میں خامشی کے لیلائے ظلمت آئی　　چمکے عروس شب کے موتی وہ پیارے پیارے
وہ دور رہنے والے ہنگامہ جہاں سے　　کہتا ہے جن کو انساں اپنی زباں میں تارے

محو فلک فروزی تھی انجمن فلک کی
عرش بریں سے آئی آواز اک ملک کی

اے شب کے پاسبانو، اے آسماں کے تارو!　　تابندہ قوم ساری گردوں نشیں تمھاری
چھیڑو سرود ایسا، جاگ اٹھیں سونے والے　　رہبر ہے قافلوں کی تابِ جبیں تمھاری
آئینے قسمتوں کے تم کو یہ جانتے ہیں　　شاید سنیں صدائیں اہل زمیں تمھاری

رخصت ہوئی خموشی تاروں بھری فضا سے
وسعت تھی آسماں کی معمور اس نوا سے

حسنِ ازل ہے پیدا تاروں کی دلبری میں　　جس طرح عکس گل ہو شبنم کے آرسی میں
آئینِ نو سے ڈرنا، طرز کہن پہ اڑنا　　منزل یہی کھٹن ہے قوموں کی زندگی میں
یہ کاروانِ ہستی ہے تیز گام ایسا　　قومیں کچل گئی ہیں جس کی رواروی میں
آنکھوں سے ہیں ہماری غائب ہزاروں انجم　　داخل ہیں وہ بھی لیکن اپنی برادری میں
اک عمر میں نہ سمجھے اس کو زمین والے　　جو بات پا گئے ہم تھوڑی سی زندگی میں

ہیں جذب باہمی سے قائم نظام سارے
پوشیدہ ہے یہ نکتہ تاروں کی زندگی میں

نظم کی تفہیم

شیخ محمد اقبالؔ (1938-1877) اردو کے مشہور شاعر گزرے ہیں۔ اقبال نے اپنی شاعری کے ذریعے حرکت و عمل کا پیغام دیا۔ انہوں نے فلسفہ خودی کو پیش کیا اور مرد مومن کی صفات پیش کرتے ہوئے خواب غفلت میں ڈوبی ہندوستانی قوم کو عمل کا پیغام دیا۔ اقبال نے اس عہد میں آنکھ کھولی تھی جب کہ ہندوستان انگریزوں کا غلام تھا۔ اور غلامی کی زنجیر میں ڈوبی ہندوستانی قوم تعلیم میں پیچھے اور حرکت و عمل سے دور تھی۔ سیاسی، سماجی اور تہذیبی تاریکی کے دور میں اقبال نے اعلیٰ تعلیم حاصل کی یورپی ممالک کا دورہ کیا مغرب کی ترقی کو اپنی آنکھوں سے دیکھا۔ مغربی مفکرین کا گہرا مطالعہ کیا اور اردو میں اپنے خیالات پیش کرتے ہوئے مسلمانوں کو عام طور سے اور اہل ہند کو خاص طور سے خواب غفلت سے جاگنے کا مشورہ دیا۔ اقبال نے اکثر اپنی نظموں میں فطرت کے مناظر کو پیش کیا اور بہ طور تمثیل ان کی زندگی سے مثال لیتے ہوئے انسانوں کو سبق دینے کی کوشش کی ہے۔ چنانچہ نظم ''بزم انجم'' میں انہوں نے رات کی تاریکی میں آسمان پر چمکنے والے تاروں کی مثال دی ہے اور اس سے انسانوں کو سبق حاصل کرنے کی دعوت دی ہے۔

نظم کے پہلے بند میں اقبالؔ نے شام کا منظر پیش کیا ہے۔ اقبالؔ کہتے ہیں کہ سورج غروب ہوتے ہوتے شام کو سیاہ لباس پہنایا جاتا ہے۔ شام کے وقت جانب مغرب افق پر اس طرح لالی چھا گئی جیسے باغ میں لالے کے پھول ہو۔ ایسا لگ رہا تھا کہ آسمان کا مغربی کنارا سنہری زیور سے آراستہ ہوگیا ہو۔ پھر رات آئی اور قدرت نے تاروں کی شکل میں چاندی کے زیور آسمان پر ٹانک دئے۔ جب اندھیرا مکمل طور پر طاری ہوگیا تو تارے چمکنے لگے۔ تاروں کی چمک سے ایسا لگ رہا تھا کہ شام کی دلہن نے اپنے لباس میں پیارے پیارے موتی ٹانک لیے ہوں۔ شام کے سنہرے رنگ اور رات کی سیاہی میں تاروں کی چمک کے خوبصورت منظر کو پیش کرنے کے بعد شاعر اقبالؔ فطرت کے نظاروں سے بے خبر انسان کو یاد کرتے ہیں کہ شفق کی

لالی اور رات کے اس خوبصورت منظر سے دور انسان انہیں تارے کہتا ہے۔ رات پر تاروں کی انجمن جم جاتی ہے۔ تب آسماں سے ایک فرشتہ تاروں سے کہتا ہے کہ اے رات کے پاسبان تارو! تم سب آسمان پر بسنے والے معزز تارے ہو۔ ہو اس وقت تم کوئی ایسا نغمہ چھیڑو کہ زمین کے باشندے بیدار ہو جائیں۔ تمہاری روشنی سے رات کے قافلے رہبری حاصل کرتے ہیں۔ زمین پر لوگ یہ سمجھتے ہیں کہ تم ان کی قسمتوں پر اثر انداز ہو اس لیے مجھے توقع ہے کہ وہ ضرور تم سے کچھ پیام یعنی نغمہ سنیں گے فرشتے کی بات سن کر ستاروں نے نغمہ شروع کیا۔ ستاروں کے نغمے سے رات کی خاموشی ٹوٹی اور آسماں پر ان کی آواز چھا گئی۔

نظم کے دو بندوں میں منظر نگاری اور تمثیل نگاری پیش کرنے کے بعد نظم کے تیسرے اور آخری بند میں اقبال تاروں کی زبانی انسانوں کو ربط باہمی اور حرکت وعمل کا پیغام دیتے ہیں۔ تارے کہتے ہیں کہ بند تاروں کی چمک دمک میں خدا کی قدرت کا جلوہ نظر آتا ہے۔ بلکہ خدا کا عکس تاروں میں اسی طرح نظر آتا ہے جس طرح ایک پھول کا عکس شبنم کے قطرے میں دکھائی دیتا ہے۔ تاروں کی زبانی اقبال زمین والوں کو اپنا پیغام دیتے ہوئے کہتے ہیں کہ جو قوم زندگی کی حقیقتوں اور جدید ترقی سے ڈرتی ہے۔ حالات حاضرہ سے مطابقت نہیں رکھتی، وقت کے تقاضوں کو نہیں پہچانتی اور لکیر کی فقیر کی طرح قدیم رسم ورواج اور پرانی باتوں پر اڑی رہتی ہے وہ قوم کبھی ترقی نہیں کر سکتی۔ کسی بھی قوم کے لیے یہ مشکل مرحلہ ہوتا ہے جب قدیم باتوں کو ترک کرنا اور جدید باتوں کو اپنانا ہوتا ہے۔

اقبال کہتے ہیں کہ زمانہ ہر وقت آگے بڑھتا رہتا ہے۔ جو قومیں زمانے کا ساتھ نہیں دیتیں اور اپنی جگہ بے حس پڑی رہتی ہیں۔ ان کے اس جمود کا نتیجہ اس کے سوا کچھ نہیں نکلتا کہ دوسری قومیں ان کو کچلتی ہوئی آگے بڑھ جاتی ہیں۔ اقبال مثال دیتے ہوئے کہتے ہیں کہ جو ستارے اس وقت ہماری نظروں سے اوجھل ہیں ہم ان کو بھی اپنی برادری میں شامل سمجھتے ہیں۔ افسوس اس نکتے کو زمین والے اب تک نہیں سمجھے۔ اور مختلف فرقوں اور ذاتوں میں بٹ کر

کمزور ہو گئے ہیں جب کہ ہم اپنی تھوڑی سی زندگی میں اس بات کو سمجھ چکے ہیں۔ یعنی آپسی اتحاد سے ہی ہمارا نظام قائم ہے۔ چنانچہ انسانوں کو بھی چاہیے کہ وہ ان ہی لوگوں کو اپنا نہ سمجھیں جو ان کی نظروں کے سامنے ہیں بلکہ ساری دنیا کہ انسانوں کو اپنا سمجھیں۔ انسانوں کا قومی نظام صرف اس وقت قائم رہ سکتا ہے کہ جب وہ جذب باہمی کے اصولوں پر عمل کریں۔ یعنی ایک دوسرے سے مل جل کر رہیں۔ اس نظم میں اقبال نے ہندوستانیوں کو تنظیم اور ربط باہمی پر زور دیا ہے۔

مرکزی خیال: اقبال نے نظم ''بزم انجم'' میں ستاروں کی زبانی بے عمل انسانوں کو حرکت و عمل کا پیغام دیا۔ زمانے کے تقاضوں کے ساتھ آگے بڑھنے اور باہمی اتحاد کے ساتھ زندگی میں کامیابی پانے کے اصول سے واقف کرایا۔ اقبال نے کہا کہ جس طرح آسمان پر لاکھوں تارے ایک نظام کے تحت برسوں سے چمک رہے ہیں اسی طرح زمین پر بسنے والے انسان بھی حرکت و عمل اور عہد حاضر کے تقاضوں سے ہم آہنگ ہو کر زندگی کے سفر میں کامیاب ہو سکتے ہیں۔

فنون لطیفہ   اقبال

اے اہل نظر ذوق نظر خوب ہے لیکن
جو شئے کی حقیقت کو نہ دیکھے وہ نظر کیا
مقصود ہنر سوز حیات ابدی ہے
یہ ایک نف یا دو نفس مثل شرر کیا
جس سے دل دریا متلاطم نہیں ہوتو
اے قطرہ نیساں وہ صدف کیا وہ گہر کیا
شاعر کی نوا ہو کہ مغنی کا نفس ہو
جس سے چمن افسردہ ہو وہ گہر کیا
بے معجزہ دنیا میں ابھرتی نہیں قومیں
جو ضرب کلیمی نہیں رکھتا وہ ہنر کیا

نظم کی تفہیم

شیخ محمد اقبالؔ (1938-1873) اردو کے عظیم مفکر شاعر گذرے ہیں۔اقبالؔ نے اپنی شاعری کے ذریعہ قومی اور وطنی جذبہ کو ابھارا۔خودی عشق اور حرکت وعمل کے فلسفے کو انہوں نے فنکاری کے ساتھ پیش کیا۔اقبالؔ مرد مومن میں ان صفات کو پیدا کرنا چاہتے تھے۔انہوں نے شاعری کے ساتھ پیغمبری کی۔اقبالؔ کے شعری مجموعے بانگ درا، بال جبرئیل، ضرب کلیم اور ارمغان حجاز

ہیں۔اقبال کی نظم ''فنون لطیفہ'' کی تفہیم اس طرح ہے۔

اقبالؔ کی تمام شاعری لوگوں کو حرکت وعمل کا پیام دیتی ہے۔اقبال نے بار بار اس بات پر زور دیا ہے کہ حرکت زندگی ہے۔اگر انسان کے اعمال وافعال جذبات وخیالات میں جمود پیدا ہوگیا تو وہ مُردوں کے مانند ہے۔انسان کا اس دنیا میں قیام آرام کیلیے نہیں بلکہ کچھ کرنے کے لیے ہے چنانچہ اقبالؔ اپنی اس نظم ''فنون لطیفہ'' میں بھی انسانوں سے مخاطب ہیں۔اور اُن سے کچھ طلب کررہے ہیں۔انسان کو خدا نے اشرف المخلوقات بنایا اور اس دنیا میں عمل کرتے ہوئے اپنی دنیا اور آخرت کو سنوارنے کا موقع دیا۔زندگی انسان کو ملنے والی سب سے بڑی نعمت ہے۔ انسان کے فائدے کے لیے خدا نے کائنات بنائی۔جس میں چاند' سورج' ستارے' پہاڑی' ندی' نالے' پھل پھول اور دیگر مخلوقات کو پیدا کیا۔انسان کا خالق خدا چاہتا ہے کہ اس کی مخلوق دنیا میں رہ کر اُسے بھول نہ جائے بلکہ کائنات کی چیزوں اور دنیا میں جو کچھ ہو رہا ہے۔اس کے پس پردہ خدا کی حکمت کو محسوس کرے۔اور دنیا کے ہنگاموں کو خدا سے منسوب کر لے۔خدا رازق ہے اور وہ انسان کے بشمول زمین پر موجود چھوٹی اور بڑی اٹھارہ ہزار مخلوقات کو اپنے غیبی خزانے سے بھر پور رزق دے رہا ہے۔انسان سماجی جانور ہے وہ سماج کے بغیر رہ نہیں سکتا۔اور سماج میں اپنے کسی فن' ہنر یا پیشہ سے دوسروں کے ساتھ تعاون کرتا ہے اور اس کے بدلے میں ملنے والی اُجرت سے اپنا پیٹ پالتا ہے اب انسان یہ سوچے کے میں نے اپنی عقل سے اپنے ہنر سے اپنی محنت سے کام کر کے یہ اُجرت کمائی ہے اور اس کے پیچھے کسی کا دخل نہیں ہے تو انسان کی یہ سوچ بالکل غلط ہے۔ انسان کو یہ سوچنا چاہئے کہ اسے ملنے والی زندگی خدا کی طرف سے عطا کردہ ہے۔خدا نے انسان کو سوچنے کے لیے عقل دی کام کرنے کے لیے ہاتھ دیئے۔ ہنر سکھایا تب انسان کچھ کرنے کے قابل ہو۔اگر انسان کے پاس خدا کی طرف سے عطا کردہ یہ نعمتیں نہ ہوتیں تو وہ کچھ بھی کرنے کے لائق نہیں تھا۔دنیا میں جو کچھ ہو رہا ہے۔وہ خدا کی مرضی اور خدا کے حکم سے ہو رہا ہے۔خدا کی

یہ عادت ہے کہ وہ کرشماتی طور پر کام نہیں کرتا بلکہ وہ ہر کام کے لیے ایک ذریعہ رکھتا ہے بارش بادلوں سے ہوتی ہے کھیتی زمین سے اُگتی ہے گرمی کا ذریعہ سورج ہے۔اسی طرح رزق بھی محنت سے ملتا ہے۔اب خدا یہ چاہتا ہے کہ انسان اُس کو پہچاننے کے لیے کائنات کی ان چیزوں اور ان انتظامات میں غور کرے۔ اسی لئے اقبالؔ اپنی نظم ''فنون لطیفہ'' کے پہلے شعر میں کہتے ہیں کہ انسان اپنی عقل، اپنے علم اور اپنے مطالعہ سے عقل مند، عالم، فاضل، دانشور اور مفکر ہو گیا۔ وہ نئی نئی ایجادات کر کے کائنات کے رازوں سے پردہ اٹھانے کا دعویٰ کرنے لگا ہے۔ انسان اونچی نظر والا ہو گیا ہے اس کی نظر کا ذوق بھی خوب ہے۔ وہ اپنی ضروریات کی تکمیل کے لیے دور کی نظر ڈال رہا ہے اور کوشش اور جستجو سے ہر مسئلہ کا حل دریافت کر رہا ہے۔لیکن اقبالؔ کہتے ہیں کہ انسان شئے میں طاقت اور کرشمہ دیکھ رہا ہے۔ اس کی حقیقت کی طرف نظر نہیں ڈال رہا ہے۔انسان کسی بیماری کا علاج دریافت کرتا ہے اور یہ سوچتا ہے کہ اس نے علاج دریافت کر کے بڑی کامیابی حاصل کی ہے لیکن انسان اس حقیقت سے غافل ہے کہ اچھے انسان کو بیمار بھی خدا کرتا ہے اور خدا ہی انسان کو بیماری کے علاج کی دوا ڈھونڈے کے لیے رہنمائی کرتا ہے۔ اس کے باوجود دوا میں شفا نہیں ہوتی۔ یہ انسانوں کا مشاہدہ ہے کہ ایک بیماری میں کئی لوگ مبتلا ہوتے ہیں۔ ڈاکٹر سب کو ایک قسم کی دوائی دیتا ہے کچھ لوگ اس دوا سے شفایاب ہوتے ہیں اور کچھ لوگوں پر وہ دوا اثر نہیں کرتی۔ اس سے معلوم ہوا کہ شفا دوا میں یا ڈاکٹر کے پاس نہیں بلکہ شفا خدا کے حکم میں ہے۔ اس لئے عقل مند دانشور انسان کو خدا کی حکمت جان کر سب سے پہلے اپنے مسئلہ کے حل کے لیے اس سے رجوع ہونا چاہئے اور دنیا میں جو کچھ ہو رہا ہے اس کے پیچھے خدا کی حکمت اور اس کے حکم کو محسوس کرنا چاہئے۔تب انسان کے بہت سے مسائل کا حل ممکن ہے۔

نظم کے دوسرے شعر میں اقبالؔ کہتے ہیں کہ انسان ہنر سیکھتا ہے اپنی زندگی کو خوب سے خوب تر بنانے کے لیے ہر انسان کی یہی خواہش ہوتی ہے کہ وہ کوئی ایسا کام کرے کہ اس کی زندگی چین و سکون سے گذر جائے۔ لیکن مشاہدہ ہے کہ دنیا کے تمام علوم وفنون انسان کو حقیقی چین و

راحت نہیں دے سکتے کیونکہ انسان کو اس زندگی میں قرار نہیں ہے۔ انسان کا فن اور ہنر اس کی زندگی میں کام آ سکتا ہے مرنے کے بعد قبر کی زندگی، حشر کا میدان اور آخرت کی ہمیشہ ہمیشہ کی زندگی میں دنیا کے یہ فنون کام نہیں آتے۔ خدا رزاق ہے اس خیال کو دل میں رکھتے ہوئے انسان کو اتنی کوشش کر لینا چاہیے کہ اس کی دنیاوی ضرورتیں پوری ہو جائیں۔ اس کے ساتھ انسان کو ایسا علم سیکھنا چاہیے کہ اس پر عمل کرتے ہوئے انسان اپنی دنیا و آخرت کو کامیاب بنا سکے۔ اس کے لیے انسان کو ہمیشہ اطاعت الٰہی کے تحت زندگی گذارنا ہوگا۔

اقبالؔ شعر کے دوسرے مصرعے میں کہتے ہیں کہ چنگاری کی چمک مختصر اور عارضی ہوتی ہے۔ چنگاری آگ نہیں ہو سکتی اس طرح چنگاری کی مثال کے طور پر انسان نماز، روزہ، زکوٰۃ، حج جیسی عبادتوں کے تحت کچھ نیک اعمال کر کے یہ نہ سوچے کہ یہ عبادتیں اس کی دنیا و آخرت کی زندگی میں کامیابی کی ضمانت ہوں گی۔ بلکہ انسان کو مکمل آگ بننے کے لیے اپنے آپ کو خدا کے لیے وقف کر دینا ہوگا۔ اور زندگی کا ہر عمل حکم خداوندی اور طریقہ رسول اللہ ﷺ کے مطابق کرنا ہوگا۔

نظم کے تیسرے شعر میں اقبالؔ کہتے ہیں کہ انسان کا دل مثل دریا ہے۔ دریا میں طوفان آنے اور موجوں کے اٹھنے کے لیے بڑی طاقت کی ضرورت ہے۔ چھوٹا سا صدف موتی دریا میں ہلچل پیدا نہیں کر سکتا۔ اسی طرح انسان کے دل میں نیکی کے چھوٹے موٹے جذبات ہوتے ہیں اور یہ جذبات انسانوں کو عبادت کی طرف راغب کر سکتے ہیں لیکن انسان میں انقلابی تبدیلی آئے اور وہ خود اور اپنے گھر، سماج اور دنیا میں بڑی تبدیلی لائے اس کے لیے دل میں جذبات کو طوفان اٹھنا ضروری ہے۔ تب ہی انسان حرکت و عمل کے ذریعہ اپنی ذات میں اور اپنے سماج میں انقلاب پیدا کر سکتا ہے۔

نظم کے اگلے شعر میں اقبالؔ کہتے ہیں کہ گیت شاعر بھی گاتا ہے۔ اور نغمہ بلبل بھی سناتی ہے دونوں کے نغمے اچھے لگتے ہیں۔ اسی طرح باغ کی ٹھنڈی ہوائیں بھی سائیں سائیں کرتی ترنم پیدا کرتی ہیں لیکن ہوا کبھی شدت اختیار کرتے ہوئے چمن کو اجاڑ دیتی ہے اور نقصان پیدا

کرنی ہے۔ اسی طرح اقبال کہتے ہیں کہ انسان کو ایسا کوئی کام نہیں کرنا چاہئے جس سے اُسے غم اور پریشانی ہو۔

نظم کے آخری شعر میں اقبالؔ اپنی بات کو مکمل کرتے ہوئے کہتے ہیں کہ انسان کو ایسا ہنر سیکھنا چاہئے جس میں اُسے مہارت حاصل ہو۔ حضرت موسیٰ علیہ السلام اپنے عصاء سے معجزات ظاہر کرتے تھے۔ پتھر پر مارتے تو پانی کے چشمے جاری ہو جاتے۔ پانی پر مارتے تو راستے بن جاتے اسی طرح اقبالؔ انسان سے اپنے ہنر کی مہارت سے یہ توقع رکھتے ہیں کہ انسان بھی اپنے ہاتھ سے اور اپنے ہنر اور فن سے معجزے دکھائے۔ آج مغربی ممالک کے لوگ حرکت وعمل کے ذریعہ بڑی بڑی عمارتیں، پراجکٹس بنا رہے ہیں۔ خلاء میں سفر کر رہے ہیں اور ایسے کام کر رہے ہیں جس سے عقل حیران رہ جائے۔ اسی لئے اقبالؔ کہتے ہیں کہ بغیر حرکت وعمل کے کوئی قوم ترقی نہیں کر سکتی۔ اور کوئی قوم جب ترقی کرتی ہے تو اس کے فن اور ہنر سے معجزے ظاہر ہونے لگتے ہیں۔

مرکزی خیال: ۔ اقبالؔ نظم ''فنونِ لطیفہ'' سے لوگوں کو حرکت وعمل کا پیام دیتے ہیں اور کہتے ہیں کہ دنیا میں جو کچھ ہو رہا ہے خدا کی مرضی سے ہو رہا ہے۔ انسان کو کائنات کی چیزں میں غور کرتے ہوئے خدا کی قدرت کو پہچاننا چاہئے اور وہ جو کچھ کام کرے اُس کے پیچھے اپنی صلاحیت نہ سمجھے بلکہ خدا کی مرضی جانے۔ انسان ایسا کام کرے جس سے اُس کی دنیا اور آخرت دونوں سنور جائیں۔ دنیا میں وہی قوم ترقی کرتی ہے جو اپنے کام سے انقلابی تبدیلی لا سکتی ہے۔ اقبالؔ کی یہ نظم انسان کو دائمی ہنر سیکھنے کی طرف توجہ دلاتی ہے۔

نیا شوالا   اقبال

سچ کہہ دوں اے برہمن! گر تو برا نہ مانے
تیرے صنم کدوں کے بت ہو گئے پرانے
اپنوں سے بیر رکھنا تو نے بتوں سے سیکھا
جنگ و جدل سکھایا واعظ کو بھی خدا نے
تنگ آ کے میں نے آخر دیر و حرم کو چھوڑا
واعظ کا وعظ چھوڑا، چھوڑے ترے فسانے
پتھر کی مورتوں میں سمجھا ہے تو خدا ہے
خاک وطن کا مجھ کو ہر ذرہ دیوتا ہے
آ، غیریت کے پردے اک بار پھر اٹھا دیں
بچھڑوں کو پھر ملا دیں نقش دوئی مٹا دیں
سونی پڑی ہوئی ہے مدت سے دل کی بستی
آ، اک نیا شوالا اس دیس میں بنا دیں
دنیا کے تیرتھوں سے اونچا ہو اپنا تیرتھ
دامان آسماں سے اس کا کلس ملا دیں
ہر صبح اٹھ کے گائیں منتر وہ میٹھے میٹھے
سارے پجاریوں کو مے پیت کی پلا دیں
شکتی بھی شانتی بھی بھگتوں کے گیت میں ہے
دھرتی کے باسیوں کی مکتی پریت میں ہے

نظم کی تفہیم

اقبال ایک سچے محبّ وطن شاعر تھے۔ اُنھوں نے اپنی نظموں کے ذریعہ ہندوستانیوں میں آپسی اتحاد اور وطن سے محبت کے جذبہ کو پیدا کیا۔ نظم کے آغاز میں اقبال برہمن کو خطاب کرتے ہوئے کہتے ہیں کہ سچی بات تو یہ ہے کہ تیرے بُت خانے کے بُت پرانے ہو گئے کیونکہ تو ان بتوں کی پوجا کرتا رہا۔ لیکن تو اپنے لوگوں سے ہی دشمنی کر رہا ہے۔ اقبال کا اشارہ ہندوستان میں ویدک دور سے چلی آرہی مذہبی فرقہ بندی کی طرف ہے کہ ہندو قوم میں لوگوں کو ذات پات اور فرقوں میں بانٹ دیا گیا تھا۔ اقبال نے محسوس کرلیا تھا کہ اگر ہمیں انگریزوں سے وطن کی آزادی کی جنگ لڑنا ہے۔ تو سب سے پہلے اپنے آپ کو متحد کرنا ہوگا۔ لوگ اگر ذات پات اور فرقوں میں بٹے رہیں تو وہ متحد نہیں ہو سکتے۔ اور آزادی کو جنگ نہیں لڑی جاسکتی۔ اقبال نے برہمن کو اشارے کے طور پر استعمال کرتے ہوئے ہندو قوم اور اُن کی فرسودہ مذہبی روایات پر کڑی تنقید کی اور انھیں متحد کرنے کا پیغام دیا ہے۔ ہندوستان میں کئی سو سال سے مسلمان بھی رہتے آئے ہیں۔ مسلمان اس ملک کا اٹوٹ حصہ ہیں۔ لیکن وہ فرقہ بندی کرنے والے مسلمان مذہبی رہنماؤں پر تنقید کرتے ہیں۔ اسلام نے رواداری اور مساوات کا سبق پڑھایا۔ لیکن کچھ لوگ اپنے مفادات کی خاطر مسلمانوں کو بھی تقسیم کرنے لگے۔ جس سے ہندوستانی قوم کئی گروہوں میں بٹ گئی تھی۔ اس لئے اقبال ہندو مسلم مذہبی رہنماؤں پر زور دیتے ہیں کہ اگر ہمیں ہندوستان کی آزادی حاصل کرنا ہو تو سب سے پہلے ذات پات اور فرقہ بندی سے اوپر اُٹھ کر ایک متحدہ قوم بننا ہے۔ تب ہی ہم انگریزوں کو شکست دے سکتے ہیں۔

وطن کی محبت سے سرشار شاعر برہمن اور واعظ عدم رہبری سے مایوس ہو جاتا ہے اور دونوں کو پیچھا چھوڑ دیتا ہے وہ متحرک مورتی کو خدا سمجھنے والوں پر تعجب کرتا ہے اور اپنے وطن کے ہر ذرے کو خدا سمجھنے لگتا ہے۔ وطن کا ذرہ ہو یا کائنات کی کوئی مخلوق وہ خدا نہیں ہوسکتی۔ یہاں شاعر اس بات کی اہمیت دلا رہا ہے کہ ہمیں وطن کے پیڑ پودوں، ندی، نالوں، دریا، پہاڑ، گاؤں اور شہر

اور یہاں کے لوگوں سے سچی محبت رہے تو ہم آزاد رہنے کی فکر کر سکتے ہیں اور اگر ہماری غفلت کی وجہ سے وطن غلام ہو جائے تو آزادی کی جدو جہد شروع کر سکتے ہیں۔

نظم کے دوسرے بند میں اقبال غفلت اور غلامی کی زنجیروں میں جکڑے ہوئے پست ہمت اور مایوس لوگوں کو غیرت دلاتے ہوئے اُن سے کہتے ہیں کہ لوگ غفلت کی نیند سے جاگیں دلوں کے نفاس کو مٹا کر متحد قوم بن جائیں۔دل ہمارے وطن کی طرح جولانی کے سبب ویران اور سونا پڑا ہوا ہے اب ہمیں دل میں محبت کی روشنی جگانے اور دل کو ایک مقدس عبادت گاہ بنانے کی ضرورت ہے۔اقبال نے دل کی عبادت گاہ کا نام شیوالہ رکھا جیسے پوجا کے مندر اچھے بتائے جاتے ہیں اور اُس کے گنبدوں کا سنہری کلس لگائے جاتے ہیں۔شاعر دل کے مندر کو پاک عظیم اور مقدس بنانا چاہتا ہے۔اس دل کے مندر میں مقدس گیت گانے کی تلقین کی جاتی ہے۔اقبال اس دل کے مندر میں آنے والے ہندوستانی قوم کو محبت کی شراب پلانا چاہتے ہیں۔وہ ہندوستانیوں کو بھکتوں سے تشبیہ دیتے ہوئے کہتے ہیں کہ اُن کے گیت میں طاقت اور امن ہے۔ اس طرح شاعر نظم کے آخر میں کہتے ہیں وطن کے رہنے والوں کی آزادی محبت سے رہنے میں مضمر ہے۔

مرکزی خیال: اقبال نے نظم نیا شوالا میں ہندو قوم کی مذہبی نشانیوں مندر، مورت، تیرتھ، کلس ،منتر، پوجاری، بھگت اور مکتی جیسے اشارے استعمال کرتے ہوئے تمام ہندوستانیوں کے اتحاد کو یہ پیغام دیا کہ ہندوستان کی آزادی کو برقرار رکھنے میں ہمارے مذہبی ادارے مسجد و مندر نا کام ہو گئے ہیں۔کیونکہ انھیں چلانے والے واعظ و پجاری مذہب کی حقیقی روح سے ہٹ گئے اس لئے شاعر مسجد و مندر کی قید سے آزاد ہو کر لوگوں کو اپنے دل کو عبادت گاہ بنانے کا مشورہ دیتے ہیں۔اور دلوں میں محبت و اتحاد کی روشنی جگاتے ہوئے وطن کی آزادی حاصل کرنے اور اُسے برقرار رکھنے کی تنقید کرتے ہیں۔نیا شوالا نظم سے اقبال نے ہندوستانیوں میں قومیت کے جذبہ کو پروان چڑھایا۔اقبال کی یہ نظم آج بھی فرقہ پرستی کے زہریلے ماحول میں ہندوستانیوں کو امن و آشتی کا پیغام دیتی ہے۔

ایک پہاڑ اور گلہری   اقبال

کوئی پہاڑ یہ کہتا تھا ایک گلہری سے
تجھے ہو شرم، تو پانی میں جا کے ڈوب مرے
ذرا سی چیز ہے اس پر غرور! کیا کہنا!
یہ عقل اور یہ سمجھ! یہ شعور کیا کہنا!
خدا کی شان ہے نا چیز چیز بن بیٹھیں!
جو بے شعور ہوں یوں باتمیز بن بیٹھیں!
تیری بساط ہے کیا میری شان کے آگے؟
زمیں ہے پست میری آن بان کے آگے!

جو بات مجھ میں ہے تجھ کو وہ ہے نصیب کہاں
بھلا پہاڑ کہاں، جانور غریب کہاں!

کہا یہ سُن کے گلہری نے، منہ سنبھال ذرا
یہ کچی باتیں ہیں دل سے انھیں نکال ذرا!
جو میں بڑی نہیں تیری طرح تو کیا پروا!
نہیں ہے تُو بھی تو آخر میری طرح چھوٹا
ہر ایک چیز سے پیدا خدا کی قدرت ہے
کوئی بڑا کوئی چھوٹا یہ اس کی حکمت ہے
بڑا جہان میں تجھ کو بنا دیا اُس نے
مجھے درخت پر چڑھنا سکھا دیا اُس نے
قدم اٹھانے کی طاقت نہیں ذرا تجھ میں
نری بڑائی ہے! خوبی ہے اور کیا تجھ میں
جو تُو بڑا ہے تو مجھ سا ہُنر دکھا مجھ کو
یہ چھالیا ہی ذرا توڑ کر دکھا مجھ کو

نہیں ہے چیز نکمی کوئی زمانے میں
کوئی بُرا نہیں قدرت کے کارخانے میں

نظم کی تفہیم

اقبال نے اپنی شاعری کے ابتدائی دور میں بچوں کے لیے کئی سبق آموز نظمیں لکھی ہیں۔انہوں نے ان نظموں کا خیال مغربی شعراء سے لیا ہے۔ چنانچہ انہوں نے اپنی نظم ''ایک پہاڑ اور گلہری'' کا خیال مشہور شاعر ایمرسن سے لیا ہے۔ اقبال کی بچوں کے لیے لکھی گئی نظموں کی ایک خاصیت ہے کہ ان نظموں میں جانوروں اور بے جان چیزوں کو انسانوں کی طرح گفتگو کرتے دکھایا گیا ہے۔اسے تمثیل نگاری کہتے ہیں جس کا مقصد انسانوں کو سبق دینا ہے۔ چنانچہ اس نظم میں ایک پہاڑ اور گلہری کی گفتگو کے ذریعے انسانوں کو سبق دیا گیا ہے۔

نظم کے پہلے بند میں پہاڑ کی غرور بھری گفتگو کو پیش کیا گیا ہے۔ پہاڑ ایک گلہری سے کہتا ہے کہ وہ اپنی اچھل کود کی وجہ سے بہت اِتراتی پھرتی ہے۔ وہ گلہری کو شرم سے پانی میں ڈوب مرنے کے لیے کہتا ہے کیوں کہ وہ چھوٹی سی مخلوق ہے لیکن اپنے آپ کو عقل مند اور باشعور سمجھتی ہے۔ خدا کی شان ہے کہ چھوٹی سی مخلوق ہونے کے باوجود تیزی سے ادھر ادھر پھرتی رہتی ہے اور اپنے آپ کو کچھ سمجھنے لگی ہے۔ پہاڑ کو اپنے بڑے ہونے پر غرور ہے اس لیے وہ گلہری سے کہتا ہے کہ میری بلندی اور بڑے پن اور شان کے آگے تیری کیا حیثیت ہے۔ وہ کہتا ہے کہ میری آن بان کے آگے زمین بھی چھوٹی ہے۔اس لیے وہ اپنا اور گلہری کا تقابل کرتے ہوئے کہتا ہے کہ جو بات مجھ میں ہے وہ تجھ میں کہاں ہے۔اس طرح نظم کے پہلے بند میں پہاڑ کی غرور بھری باتوں کو پیش کیا گیا ہے جو وہ چھوٹی سے گلہری کو نیچا دکھانے کے لیے کہتا ہے۔

نظم کے دوسرے بند میں اقبال نے پہاڑ کی غرور بھری باتوں کے بعد گلہری کے جواب کو پیش کیا ہے۔گلہری پہاڑ کی باتیں سننے کے بعد اسے جواب دیتے ہوئے کہتی ہے کہ اے پہاڑ تو اپنا منہ سنبھال کر رکھ۔ تیری یہ غرور بھری باتیں کچی ہیں انہیں دل سے نکال دے۔ وہ کہتی ہے کہ میں تیری طرح بڑی نہیں تو کیا ہوا تو بھی تو میری طرح چھوٹا نہیں۔ دنیا میں کوئی چھوٹا ہے اور کوئی بڑا یہ خدا کی قدرت ہے اور اس کی حکمت ہے۔ خدا نے تجھے دنیا میں

بڑا بنایا تو کیا ہوا مجھے خدا نے درخت پر چڑھنا سکھایا۔ تجھ میں اپنے جگہ سے ہلنے کی صلاحیت نہیں ہے۔ صرف بڑا ہونا ہی تیری خوبی ہے۔ تجھ میں اور کچھ صلاحتیں نہیں ہیں۔ گلہری پہاڑ کے سامنے ایک امتحان رکھتے ہوئے کہتی ہے کہ اگر تجھے اپنی بڑائی پر ناز ہے تو ذرا یہ چھالیا ہی توڑ کر دکھا۔ جو تو نہیں کر سکتا۔ اس طرح گلہری کہتی ہے کہ اس دنیا میں خدا نے کوئی چیز بے کار اور نکمی نہیں بنائی۔ خدا کے کارخانے میں کوئی برا نہیں ہے۔ خدا نے جس کو جس حالت میں بنایا ہے اس پر شکر کرنا چاہیئے۔

اس نظم میں اقبالؔ نے بچوں اور انسانوں کی تربیت کی ہے کہ کسی کو اپنی حالت پر ناز نہیں کرنا چاہیئے۔ پہاڑ اپنے بڑے ہونے پر غرور کرتا ہے اور وہ چھوٹی سی گلہری کو نیچا دکھانے کی کوشش کرتا ہے۔ پہاڑ کی غرور بھری باتوں سے اقبال نے انسانوں کو یہ سبق دیا کہ وہ اپنی کسی حالت یا صلاحیت پر غرور نہ کریں خدا کی بنائی ہر مخلوق میں کچھ اچھائی ہے تو کچھ کمی بھی ہے۔ پہاڑ بڑا ہونے کے باوجود نہ حرکت کر سکتا ہے اور نہ ہی گلہری کے امتحان کے مطابق چھالیا ہی توڑ سکتی ہے۔ چنانچہ گلہری چھوٹی ہونے کے باوجود عقل مندی سے پہاڑ کی غرور بھری باتوں کا جواب دیتی ہے اور کہتی ہے کہ تو بڑا ہے تو کیا ہوا چھوٹا بھی نہیں۔ یعنی چھوٹا ہونا بھی کام کی چیز ہے کہ آسانی سے جہاں چاہے جا سکتے ہیں۔ گلہری پہاڑ کے تقابل کے جواب میں کہتی ہے کہ تو بڑا ہے تو کیا ہوا خدا نے مجھے درخت پر چڑھنا اور چھالیا کترنا سکھایا جو تو نہیں کر سکتا۔ آخر میں گلہری کے عالمانہ جواب سے اقبال نے یہ سبق دیا کہ اس دنیا کے کارخانے میں خدا نے کسی کو بے کار نہیں بنایا۔ سب اپنی اپنی جگہ اہمیت کے حامل ہیں۔

مرکزی خیال: اقبال نے نظم ''ایک پہاڑ اور گلہری'' میں چھوٹی سی گلہری اور بڑے دکھائی دینے والے پہاڑ کی گفتگو کے ذریعے یہ سبق دیا کہ اس دنیا میں کوئی چھوٹا یا بڑا نہیں۔ خدا نے جس کو جس حالت میں بنایا ہے اسے اپنی حالت پر قائم رہنا چاہیے اور اپنے بنانے والے کا حکم مانتے ہوئے شکر گزار ہونا چاہیئے۔

اے شریف انسانو!   ساحرلدھیانوی

ساحرلدھیانوی (1921-1980) ترقی پسند تحریک سے تعلق رکھنے والے اردو کے مشہور شاعر گزرے ہیں۔ 8 مارچ 1921ء کو لدھیانہ پنجاب میں پیدا ہوئے۔ خالصہ اسکول سے ابتدائی تعلیم حاصل کی۔ گورنمنٹ کالج لدھیانہ سے میں داخلہ لیا۔ کالج کے زمانے سے ہی انہوں نے شاعری کا آغاز کر دیا۔ امرتا پریتم کے عشق میں کالج سے نکالے گئے اور لاہور آ گئے۔ یہاں ترقی پسند نظریات کی بدولت قیام پاکستان کے بعد 1949ء میں ان کے خلاف وارنٹ جاری ہوئے جس کے بعد وہ ہندوستان آ گئے۔ ہندوستان میں وہ سیدھے بمبئی میں وارد ہوئے۔ ان کا قول مشہور ہے کہ بمبئی کو میری ضرورت ہے۔ اس کی وجہ یہ تھی کہ اس دور میں ساحر اور دوسرے ترقی پسند شعرا نے بھانپ لیا تھا کہ فلم ایک ایسا میڈیم ہے جس کے ذریعے اپنی بات عوام تک جس قوت اور شدت سے پہنچائی جا سکتی ہے، وہ کسی اور میڈیم میں ممکن نہیں ہے۔ چناں چہ ہم کہہ سکتے ہیں کہ ساحر ایک مشن کے تحت بمبئی آئے اگرچہ 1949ء میں ان کی پہلی فلم "آزادی کی راہ پر" قابلِ اعتنا ٹھہری، لیکن موسیقار سچن دیو برمن کے ساتھ 1950ء میں فلم "نوجوان" میں ان کے لکھے ہوئے نغموں کو ایسی مقبولیت نصیب ہوئی کہ ہم آج بھی آل انڈیا ریڈیو سے انھیں سن سکتے ہیں۔ ان میں سے ایک گانے "ٹھنڈی ہوائیں" کی دھن تو ایسی ہٹ ہوئی کہ عرصے تک اس کی نقل ہوتی رہی۔ ساحر کے علاوہ بھی کئی اچھے شاعروں نے فلمی دنیا میں اپنے فن کا جادو جگایا، لیکن ساحر کے علاوہ کسی اور کو اتنی مقبولیت حاصل نہیں ہوئی۔ اور اس کی بنیادی وجہ وہی ہے جو ان کی ادبی شاعری کی مقبولیت کی ہے، یعنی شاعری عوامی لیکن ادبی تقاضوں کو مدِنظر رکھتے

ہوئے۔ان کا مجموعہ "تلخیاں" شائع ہو چکا تھا جس نے اشاعت کے بعد خوب پذیرائی حاصل کی تھی۔. ساحر مبلغ تھے نہ مصلحت پسند، مگران کے اندر اپنے ماحول کے خلاف بغاوت کا جذبہ موجود تھا۔ ساحر حیات آشنا بھی ہیں اور روح عصر سے آگاہ بھی۔ حیات کی کیفیات اور عصر کی تغیرات، تحولات اور ترجیحات سے مکمل آشنائی کے اشارے ان کے اشعار میں ملتے ہیں. ساحر کا دشوار سفر تب شروع ہوا جب ان کے والد نے انکی والدہ سمیت انھیں گھر سے نکال دیا تھا۔ ساحر کی زندگی کا یہ سفر لدھیانہ میں ریلوے لائن کنارے ایک چوبارے سے شروع ہوا اور بمبئی میں ساحل سمندر کے کنارے ایک فلیٹ میں ختم ہوگیا. ساحر کے تجربات نہایت تلخ ہیں اس لیے وہ عشق ومحبت کے پوشیدہ شعلوں کو بھڑکانے کی کوشش نہیں کرتے بلکہ یہ کہہ کر بجھا دیتے ہیں۔ ساحر کے علاوہ بھی کئی اچھے شاعروں نے فلمی دنیا میں اپنے فن کا جادو جگایا، لیکن ساحر کے علاوہ کسی اور کو اتنی مقبولیت حاصل نہیں ہوئی۔ ساحر اور مجروح سلطان پوری کا نام اکثر ساتھ ساتھ لیا جاتا ہے،لیکن دونوں شعرا کا پس منظر ایک جیسا ہونے کے باوجود ساحر مجروح سے کہیں بہتر فلمی شاعر تھے. ساحر نے بھی دنیا کو بہت کچھ دیا اور اگر کچھ نہ بھی دیا ہو تو خواب ضرور دیے ہیں۔

25اکتوبر1980ء کو ساحر لدھیانوی دل کا دورہ پڑنے کے سبب انتقال ہو گیا۔، ساحر کو دو مرتبہ فلم فیئر برائے بہترین نغمہ نگار دیا گیا۔۔ پہلی بار فلم "تاج محل" کے لیے 1946ء میں اور دوسری بار فلم "کبھی کبھی" کے لیے۔

نظم کی تفہیم

ہندوستان اور پاکستان میں اکثر باہمی تعلقات میں کشیدگی کے سبب جنگ کے حالات رہتے ہیں۔ اور ہر کوئی جنگ کی صورت میں اپنی برتری ثابت کرنے اور دوسرے کو نیچا دکھانے میں لگا رہتا ہے۔ جب بھی دنیا میں جنگ کا ماحول گرماتا ہے ایسے موقع پر شاعر اور ادیب کو یاد کیا جاتا ہے اور ان سے امید رکھی جاتی ہے کہ وہ اپنے قلم کا جادو جگائیں اور کچھ ایسی بات کر جائیں کہ جنگ نہ ہو اور ہر طرف امن و آمان قائم ہو جائے اور لوگ انسانیت کو درپیش بڑے مسائل

کے حل کی جانب متوجہ ہو جائیں۔ ہندوستان اور پاکستان ایک تہذیب کے حامل دو پڑوسی ممالک ہیں۔ اکیسویں صدی میں ان دونوں ملکوں کے عوام غربت کے خاتمے، تعلیم، صحت اور بہتر انسانی زندگی کی ضروریات کے مسائل کے حل کے ساتھ چل رہے ہیں۔ دونوں ممالک کا ماضی ماضی ہوتے ہوئے بھی اپنے حال میں انہیں یہ بات یاد دلاتا ہے کہ جنگ چاہے وہ چھوٹی ہو یا بڑی ان کے لئے قابل برداشت نہیں ہے۔ دنیا کہ بڑے ممالک چھوٹے ملکوں میں اسلحہ کی دوڑ کی خاطر جنگ کے حالات پیدا کراتے ہیں اور چھوٹے ممالک اپنی کمزور معیشت کے ہونے کے باوجود پیدا شدہ حالات میں ہتھیاروں کے سوداگر بڑے ممالک کے چنگل میں پھنس جاتے ہیں اور گردنوں تلے قرض میں مبتلا ہوکر ان ممالک کے غلام بن جاتے ہیں۔ دور حاضر میں ایک مرتبہ پھر ہندوستان اور پاکستان کے عوام کو اردو کے مشہور شاعر ساحرؔ لدھیانوی کی نظم ''اے شریف انسانو!'' سے سبق حاصل کرنا چاہئے جب کہ انہوں نے یہ نظم ہندوستان اور پاکستان کے مابین جنگ کے تباہ کن حالات کے بعد تاشقند معاہدے کی سالگرہ کے موقع پر نشر کی گئی تھی۔ نظم کے دو حصے ہیں۔ پہلے حصے میں جنگ سے ہونے والے نقصانات کا ذکر ہے جو اس دور میں جس قدر بھیانک تھے آج جوہری ہتھیاروں کی موجودگی میں اور خطرناک اور بھیانک ہیں۔ آیئے دیکھیں ساحرؔ کی نظم کا پہلا حصہ کیا ہے اور اس میں وہ کیا کہتے ہیں۔

خون اپنا ہو یا پرایا ہو — نسل آدم کا خون ہے آخر
جنگ مشرق میں ہو کہ مغرب میں — امن عالم کا خون ہے آخر
بم گھروں پر گریں کہ سرحد پر — روح تعمیر زخم کھاتی ہے
کھیت اپنے جلیں کہ غیروں کے — زیست فاقوں سے تلملاتی ہے
ٹینک آگے بڑھیں کہ پیچھے ہٹیں — کوکھ دھرتی کی بانجھ ہوتی ہے
فتح کا جشن ہو کہ ہار کا سوگ — زندگی میتوں پہ روتی ہے
جنگ تو خود ہی ایک مسئلہ ہے — جنگ کیا مسئلوں کا حل دے گی

آگ اور خون آج بخشے گی　　　　بھوک اور احتیاج کل دے گی
اس لئے اے شریف انسانو!　　　　جنگ ٹلتی رہے تو بہتر ہے
آپ اور ہم سبھی کے آنگن میں　　　　آپ اور ہم رہیں تو بہتر ہے

جب ہم ساحرؔ کی نظم کا تجزیہ کرتے ہیں تو پتہ چلتا ہے کہ ساحرؔ نظم کے آغاز میں ایک ناصح کی طرح خطاب کرتے ہوئے کہتے ہیں کہ انسانی خون کی بڑی عظمت ہے لوگوں کو اپنے اور پرائے میں تقسیم کرتے ہوئے کسی کا خون بہانا اچھا نہیں ہے خدا نے انسان کو اس زمین پر پرامن رہنے کے لیے بھیجا ہے کچھ لوگ شیطان کے دوست ہو جاتے ہیں اور اپنے ذاتی فائدے کے لیے جنگ کے نام پر شیطانی حرکتیں کرتے ہیں اس سے ساری دنیا کا امن خطرے میں پڑ جاتا ہے۔ ظاہر ہے ساحرؔ کا اشارہ دنیا کی ان بڑی طاقتوں کی طرف ہے۔ جو خود تو بدی کا محور ہیں لیکن دوسروں کو بدی کا محور قرار دینے کے چکر میں ہتھیاروں کی سوداگری کرتے ہیں۔ اس لئے ساحرؔ کہتے ہیں کہ جنگ دنیا کے مشرقی حصہ میں ہو یا مغربی حصہ میں یہ جنگ نہیں بلکہ عالمی امن کا خون ہے۔ سائنس کی ترقی کا ایک نقصان یہ بھی ہے کہ انسان نے ہتھیار کے نام پر اپنے ہاتھوں سے اپنی بربادی کا سامان کرلیا ہے۔ جنگ میں تباہی والے بم گرائے جاتے ہیں جس سے ملک کی سرحدیں اور رہائشی علاقے برباد ہو جاتے ہیں مکان کھنڈر بن جاتے ہیں ایک مکان کو تعمیر کرنا مشکل ہو جاتا ہے مکانوں میں زندگی رہتی ہے لیکن ایک بم تھوڑی دیر میں سینکڑوں مکان برباد کر دیتا ہے اور ہزاروں زندگیاں اجڑ جاتی ہیں اس لئے ساحرؔ زور دے کر کہتے ہیں کہ جنگ کے نام پر بم ڈالنے سے زندگی کا بڑا نقصان ہوتا ہے۔ اور ٹوٹے مکان اجڑی زندگیاں بسانے کے لیے کافی دولت و محنت کی ضرورت ہوتی ہے۔ بم ڈالنے سے کھیت جل جاتے ہیں اناج کا بڑا نقصان ہوتا ہے۔ اور ٹوٹے مکان اُجڑی زندگیاں بسانے کے لیے کافی دولت و محنت کی ضرورت ہوتی ہے۔ بم سے زمین برباد ہو جاتی ہے۔ افغانستان اور عراق اور دنیا کے دیگر مما لک میں جنگ کے بعد ہونے والی ٹوٹ پھوٹ اور سہولتوں کی تعمیر کے لئے بے شمار دولت صرف کی گئی اور ترقی

پذیر ممالک کو مقروض بنایا گیا۔ جنگ میں اکثر ہار ہوتی ہے اگر کوئی یہ سمجھتا ہے کہ مجھے فتح ملی ہے اور وہ جشن مناتا ہے تو اس کا یہ جشن ہارنے والوں کی لاشوں پر ہوتا ہے۔ اس لئے کسی کو برباد کر کے خوش ہونا اچھا نہیں ہے۔ ساحؔر ایک اہم بات کی طرف توجہ دلاتے ہوئے کہتے ہیں کہ جنگ بڑا مسئلہ ہے جنگ کے ساتھ آگ اور خون ہوتا ہے اور جنگ کے ختم ہونے کے بعد انسانی ضرورتیں بڑھ جاتی ہیں۔ اس لئے ساحؔر لدھیانوی دنیا کے سمجھدار انسانوں سے خطاب کرتے ہوئے کہتے ہیں کہ اے شریف انسانو! اگر ایسی وجہ جنگ کا ماحول بھی ہو تو جنگ کو ٹالنا چاہئے۔ اور لوگوں کو امن کی حالت میں چین وسکون سے اپنے گھرں میں رہنے دینا چاہئے۔ یہی بڑی عقلمندی ہے۔ دنیا میں امن کے قیام کو یقینی بنانے کی ذمہ داری والے ادارے اقوام متحدہ کی ذمہ داری ہے کہ وہ ہر حال میں بڑی طاقتوں کی ریشہ دوانیوں اور سازشوں کا پردہ فاش کرے اور چھوٹے ممالک میں امن اور جنگ ٹالنے کو یقینی بنائے۔ ساحؔر نے جنگ کے نقصانات بیان کرنے کے بعد بھٹکی ہوئی انسانیت کو یاد دلایا کہ ہمارے سامنے جنگ کے اور بھی تو میدان ہیں۔ دیکھئے ساحؔر کیا کہتے ہیں۔

برتری کے ثبوت کی خاطر — خوں بہانا ہی کیا ضروری ہے
گھر کی تاریکیاں مٹانے کو — گھر جلانا ہی کیا ضروری ہے
جنگ کے اور بھی تو میداں ہیں — صرف میدان کشت وخوں ہی نہیں
حاصل زندگی خرد بھی ہے — حاصل زندگی جنوں ہی نہیں
آؤ اس تیرہ بخت دنیا میں — فکر کی روشنی کو عام کریں
امن کو جن سے تقویت پہونچے — ایسی جنگوں کا اہتمام کریں
جنگ وحشت سے بربریت سے — امن تہذیب وارتقاء کے لئے
جنگ مرگ آفریں سیاست سے — امن انسان کی بقاء کے لئے
جنگ افلاس اور غلامی سے — امن بہتر نظام کی خاطر

جنگ بھٹکی ہوئی قیادت سے　　　امن بے بس عوام کی خاطر
جنگ سرمایے کے تسلط سے　　　امن جمہور کی خوشی کے لئے
جنگ جنگوں کے فلسفے کے خلاف　　　امن پرامن زندگی کے لئے

نظم کے دوسرے حصہ میں ساؔحر کچھ تجاویز پیش کرتے ہیں تاکہ جنگ کو ٹالا جاسکے۔ساؔحر کہتے ہیں کہ کسی پر اپنی برتری ثابت کرنے کے لیے کیا جنگ ضروری ہے جبکہ تعلیم وصحت کھیل کود اور دیگر شعبوں میں ترقی کرتے ہوئے ایک ملک دوسرے ملک پر اپنی برتری ثابت کرسکتا ہے۔ اولمپک گیمس دنیا بھر میں ایک دوسرے پر برتری حاصل کرنے کی اچھی مثال ہیں۔ جاپان نے سائنس اور ٹکنالوجی میں امریکہ پر بھی برتری ثابت کردی۔ اس طرح جنگ ہی برتری دکھانے کا ذریعہ نہیں ہے۔ ساؔحر کہتے ہیں کہ اپنے گھر کے اندھیرے کو مٹانے کسی اور کا گھر جلانا درندگی اور دیوانہ پن ہے آج امریکہ پٹرول کی خاطر دنیا بھر میں جنگ کرتے ہوئے آگ لگا رہا ہے اور سب ہی چپ ہیں یہ امریکی درندگی نہیں تو اور کیا ہے۔ ساؔحر کہتے ہیں کہ انسان کو جنگ لڑنے کے لیے دوسرے میدان بھی ہیں صرف خون بہانا ہی جنگ نہیں۔ بلکہ عقل کو استعمال کرتے ہوئے زندگی کے دیگر میدانوں میں ترقی کر سکتے ہیں۔

دنیا میں جہالت کا اندھیرا چھایا ہوا ہے علم کو عام کرنے کی جنگ کرتے ہوئے جہالت کو دور کیا جاسکتا ہے۔ادیب اور شاعر اپنے افکار کے ذریعہ یہ کام کر سکتے ہیں اور اقبال جیسے شاعروں نے اپنی فطری وفلسفیانہ شاعری کے ذریعہ یہ کام کردیا۔ دنیا میں امن قائم رکھنے کے لیے اقوام متحدہ کا قیام عمل میں لایا گیا ہے لیکن اقوام متحدہ جنگوں کو ٹالنے میں ناکام رہا۔ چنانچہ اقوام متحدہ کو مضبوط کرنے کی ضرورت ہے دنیا میں پھیلی بربریت' لوٹ مار' غارت گیری قتل وخون کو روکنے کے لیے انسان کو جدوجہد کرنا ہے آج کی سیاست گندگی ہوگئی ہے دھوکہ دہی جھوٹ اور رشوت عام ہوگئی ہے۔ اپنی کرسی کو بچانے کی خاطر ایسے حالات پیدا کئے جارہے ہیں کہ عوام کسی ایک

طبقہ کو دہشت گرد سمجھنے لگیں۔ جب کہ حکومت کے زیر سرپرستی دہشت گردی بھی ایک ایسا موضوع ہے جسے دنیا کے بھولے بھالے عوام کو سمجھنے کی ضرورت ہے۔ آج میڈیا کا رول بھی کافی خطرناک ہوگیا ہے۔ اور لوگوں کے ذہنوں کو پراگندہ کرنے کے لئے حادثات پر مبنی خبریں تیار کی جارہی ہیں اور پروپگنڈہ نما صحافت کے ذریعے لوگوں کے ذہنوں میں ایک دوسرے کے خلاف زہر بھرا جارہا ہے ایسے میں تعلیم یافتہ اور سنجیدہ طبقے کو یہ جان لینا چاہئے کہ میڈیا میں پیش کردہ ہر خبر درست نہیں ہوتی اور یہ کہ ہر خبر کے پیچھے ایک خبر ہوتی ہے جس کی تہہ تک پہونچنا ضرورت ہے۔ ہماری سیاست سے ان برائیوں کو دور کرنے کی ضرورت ہے۔ دنیا میں پھیلی غربت' ڈکٹیٹر شپ' سرمایہ دارانہ نظام اور جنگی ذہن رکھنے والوں کے خلاف بھی امن پسند مہذب لوگوں کو جدوجہد کرنا چاہئے۔ اس طرح کی جدوجہد دنیا میں دیرپا امن قائم رکھ سکتی ہے۔

اس طرح ساؔحر لدھیانوی کی نظم ''اے شریف انسانو!'' کے ذریعہ یہ پیغام دیا ہے کہ ملکوں پر قبضے کے لئے جو جنگیں ہورہی ہیں اس سے انسانیت کو بھاری نقصان ہورہا ہے جبکہ انسانیت کی ترقی کے کام کرتے ہوئے دنیا میں تہذیبی' سماج و معاشرتی ترقی کی جاسکتی ہے۔ اور دور حاضر کے بشمول ہر زمانے میں اردو زبان بولنے والے برصغیر کے عوام کو ساؔحر کی اس نظم سے سبق حاصل کرتے ہوئے دیرپا امن اور زندگی کے حقیقی مسائل کو حل کرنے کی فکر کرنی چاہئے۔

بارش ظفر علی خاں

ظفر علی خاں (1873-1956) اُردو کے مشہور صحافی اور شاعر گذرے ہیں۔ 19 جنوری 1873ء کو سیالکوٹ پنجاب میں پیدا ہوئے۔ ابتدائی تعلیم وہیں حاصل کی۔ علی گڑھ سے انٹرنس پاس کیا۔ بی اے پاس کرنے کے بعد محسن الملک کے پرائیوٹ سکریٹری بنے۔ ملازمت چھوڑ کر سرگرم سیاست میں حصہ لیا۔ وہ ایک اچھے ادیب' صحافی' خطیب اور شاعر تھے۔ حکومت وقت کو اپنی تحریروں اور تقریروں سے پریشان کیا۔ اس لیے انہیں کئی مرتبہ جیل جانا پڑا۔ بارہ سال تک جیل میں رہے۔ ان کی مقبولیت ان کے اخبار ''زمیندار'' کی وجہ سے ہے۔ اس اخبار میں سیاست' ادب' مذہب' معاشرت' تاریخ اور تہذیب سے متعلق مضامین شائع ہوا کرتے تھے۔ مضامین کا انداز جوشیلہ' سنجیدہ اور پروقار ہوتا تھا۔ اس لیے سب اس اخبار کو پسند کرتے تھے۔ ظفر علی خاں کا طرز تحریر دلکش تھا اور شاعری میں انہوں نے تشبیہات و استعارات خوب استعمال کئے۔ ان کی نظموں کا ایک مجموعہ ''بہارستان'' کے نام سے شائع ہوا۔ 27 جنوری 1956ء کو کرم آباد میں ان کا انتقال ہوا۔

ابر تھا چھایا ہوا اور فصل تھی برسات کی
تھی زمیں پہنے ہوئے وردی بانات کی
آفتاب اوڑھے ہوئے تھا چادر ابرِ سیاہ
برق کی چشمک زنی سے خیرہ ہوتی تھی نگاہ
بادل اتنے میں درنا سفتہ برسانے لگے
داستانِ قلزم و عماں کو دہرانے لگے

جھوم کر اٹھی گھٹا برسی برس کر چھٹ گئی
گرد کی چادر زمیں کے منہ سے فوراً ہٹ گئی
بادلوں سے نورخورشید اس طرح چھننے لگا
سائباں قوسِ قزح کا اس طرف بننے لگا
سبزہ زاروں میں کلیلیں کرتے پھرتے تھے ہرن
تھامہابن کا ہر اک کو ناختن اندر ختن
جنگلوں میں مست ہو کے ناچتے پھرتے تھے مور
کوہساروں میں چکوروں نے مچا رکھا تھا شور
ڈھل کے پہونچا تھا اُفق کے آسماں تک آفتاب
تھی شفق کی اس کے منہ پر ایک نارنجی نقاب
یہ نظر آرا مناظر تھے کچھ ایسے دلفریب
ہاتھ سے جاتا رہا دل میرے اور دل کے شکیب
عالم از خود رفتگی کا مجھ پہ طاری ہوگیا
جوش مستی کا مری ہر رگ میں ساری ہوگیا

نظم کی تفہیم

ظفرعلی خاں (1873-1956) اُردو کے مشہور صحافی اور شاعر گذرے ہیں۔ان کی ایک مشہورنظم ''بارش'' ہے جس میں انہوں نے بڑے خوبصورت انداز میں بارش کے وقت کا منظر بیان کیا ہے۔چنانچہ ظفرعلی خان نظم کے آغاز میں کہتے ہیں کہ موسم برسات میں ابر چھایا ہوا تھا۔ بارش کے سبب زمین پر ہریالی اُگ آئی تھی اور ایسا لگتا تھا کہ زمین نے سبز وردی پہن لی ہو۔کالے بادلوں کے سبب سورج چھپ گیا تھا۔بارش سے قبل جب بادلوں میں بجلیاں چمکنے لگیں تو ان کی چمک سے آنکھیں بند ہونے لگیں۔بجلیوں کی چمک کے بعد سیاہ بادلوں سے

بارش ہونے لگی۔ بارش کا منظر ایسا تھا جیسے آسمان سے چھوٹے چھوٹے سفید موتی برس رہے ہوں۔ بارش کے سبب نکلنے والے ندی نالے بہہ کر سمندر کی طرح پھیلنے لگے۔

کچھ دیر تیز بارش ہوئی، اس کے بعد آسمان صاف ہو گیا۔ بارش رک گئی۔ بارش کے سبب زمین پر جو دھول اور گرد کی چادر تھی وہ سب صاف ہو گئی۔ شام کے وقت بادل دور ہٹتے ہی سورج پھر سے بادلوں کے پیچھے سے نمودار ہوا۔ اور بارش کے قطروں کی موجودگی کے سبب آسمان پر دوسری جانب خوبصورت قوس قزح بن گئی۔ ہر طرف موسم خوشگوار ہو گیا۔ پرندے اور جانور بارش کے بعد خوشی کی آوازیں نکالتے ہوئے جھومنے لگے۔ جنگل میں مور مست ہو کر ناچ رہے تھے۔ اور چکور پہاڑوں میں آوازیں کر رہے تھے۔ شام ڈھلتے ہی سورج غروب ہونے لگا اور جانب مغرب آسمان پر سرخی چھا گئی۔ بارش سے قبل اور بارش کے بعد کے خوبصورت مناظر لوگوں کے دلوں کو خوش کرنے لگے۔ ان مناظر کو دیکھ کر شاعر بھی خوشی سے جھوم اٹھا اور کہنے لگا کہ اس کا صبر کا پیمانہ لبریز ہو رہا ہے اور وہ بھی موسم کی مستی میں جھوم رہا ہے۔ شاعر اور دیگر لوگوں پر بارش کے سبب مستی چھا گئی اور سب لوگ اس موسم کا مزہ اٹھانے لگے۔

مرکزی خیال: ظفر علی خان نے موسم برسات میں بادل کے گھر آنے، بارش ہونے اور اس کے بعد کے خوشگوار مناظر کو بیان کیا ہے اور اس منظر نگاری میں نظم پڑھنے والوں کو بھی شامل کیا ہے۔

گلزار وطن سرورؔ جہاں آبادی

منشی درگا سہائے سرور جہاں آبادی (1873-1910) اردو نظم کے مشہور شاعر گزرے ہیں۔ جہاں آباد ضلع پیلی بھیت میں پیدا ہوئے۔ ان کے والد حکیم پیارے لال تھے۔ درگا سہائے کی ابتدائی تعلیم قصبے کے اسکول میں ہوئی۔ شاعری کا شوق بھی اسی وقت ہوا۔ 1899ء سے ان کا کلام ادبی رسائل میں شائع ہو کر مقبول ہونے لگا۔ سرور کا کم عمری میں 3 ڈسمبر 1910ء کو انتقال ہوا۔

درگا سہائے نے پہلے وحشت اور پھر سرور تخلص اختیار کیا۔ وہ اپنے عہد کے ممتاز شاعر تھے۔ انہوں نے غزلیں اور نظمیں لکھیں۔ لیکن نظم گو شاعر کی حیثیت سے مشہور ہوئے۔ وطن سے محبت ان کی شاعری کا اہم موضوع ہے۔ وطن کے پیڑ پودوں، پھلوں، پھولوں، چرند پرند، ندی نالے اور پہاڑوں کو انہوں نے اپنی شاعری کا موضوع بنایا۔ ان کی نظموں میں صداقت، سادگی اور جوش پایا جاتا ہے۔ انہوں نے دلچسپ تراکیب بھی استعمال کیں۔ ان کی شاعری کے دو مجموعے ''خمخانہ سرور'' اور ''جام سرور'' شائع ہوئے۔

اردو شاعری کی تاریخ میں نظیرؔ کے بعد سرور جہان آبادی کے یہاں حب الوطنی کا جذبہ نسبتاً زیادہ واضح نظر آتا ہے۔ انھوں نے نظم کی تعمیر و ترقی میں ہندوستانی عناصر کو شامل کرنے جیسا اہم اور نمایاں کارنامہ انجام دیا۔ ان کے مجموعہ کلام میں نظموں کے علاوہ رباعیات بھی شامل ہیں جو ہمیں ہندوستانی رنگ میں رنگی ہوئی دکھائی دیتی ہیں۔ یہ نظمیں اور رباعیات ہندوستان کے سیاسی، سماجی، اقتصادی، تاریخی اور تہذیبی نظریات کی ترجمان و عکاس ہیں۔ سرور کی نظموں کے مطالعے سے پتہ چلتا ہے کہ ان کے عہد کا ہندوستان سیاسی، سماجی اور اقتصادی بحران کا شکار تھا۔ ملک ایسے موڑ پر کھڑا تھا جہاں حب الوطنی کے جذبے کو ابھارنے کی

اشد ضرورت تھی، سرور نے یہ کارنامہ بحسن خوبی انجام دیا۔ سرور کو وطن اور وطن کی ہر شے سے دلی وابستگی ہے۔ نظیر نے اپنی نظموں میں جو ہندوستان پیش کیا تھا سرور کی شاعری میں ایسا ہی ہندوستان ایک بار پھر اپنی تمام تر رعنائیوں کے ساتھ ہمارے روبرو دکھائی پڑتا ہے۔ ان کے کلام میں ہر جانب ہندوستان کی تصویر بکھری ہوئی دکھائی دیتی ہے۔ ان کی نظریں ہندوستان کو دلہن کے روپ میں دیکھتی ہیں۔ ان کی پوری شاعری میں ہندوستان پر شباب برستا ہوا دکھائی دیتا ہے۔ انھوں نے ہر شے کی تصویر اتنی عمدگی سے پیش کی ہے کہ اس کی مثال بعد کے شعرا میں جوش کے سوا کسی اور کے یہاں نظر نہیں آتی۔ سرور کے یہاں حب الوطنی عبادت کا درجہ رکھتی ہے۔ انھیں وطن کے ذرّے ذرّے سے بے تحاشہ لگاؤ ہے۔ وطن کی محبت ان کے دل کے نہاں خانوں میں گہرائی سے رچی اور بسی ہوئی ہے۔ وطن سے متعلق سرور نے جو نظمیں کہی ہیں ان میں موضوعات کی وسعت اور ہمہ گیری کے ساتھ دلکشی اور رعنائی کی جھلک بھی ملتی ہے۔ سرور کے ذریعے اردو شاعری میں پہلے پہل ایسے موضوعات پر طبع آزمائی کی گئی جو اردو شاعری کے لیے بالکل نئے اور اچھوتے تھے۔ گنگا، جمنا، پریاگ کا سنگم، نور جہاں، پدمنی، بیر بہوٹی، گلِ فردوس، لکشمی جی، سیتا جی کی گریہ وزاری، پھولوں کا کنج، مہاراجہ دشرتھ کی بیقراری، نسیم سحر، فضائے برشگال، عروسِ برشگال، شفق شام بھنورے کی بیقراری جیسے مضامین کو اردو میں سب سے پہلے متعارف کرانے کا سہرا سرور کے سر ہے۔ ان موضوعات کی اہم بات یہ ہے کہ ان سے متعلق نظموں کی فضا اور رنگ خالص ہندوستانی ہے۔ سرور کے عہد کا ہندوستان تاریکی میں ڈوبا ہوا تھا۔ اس شکست وریخت اور پر آشوب عہد میں ہندوستانی قوم میں بیداری کی غرض سے سرور نے انھیں ملک کی عظمتِ پارینہ کی داستانیں سنائیں اور وطن کی عظمت کے نغمے گائے۔ اسلاف کے کارناموں کا ذکر ان کی نظموں میں بڑے موثر اور دلنشیں انداز میں ملتا ہے۔ ان کی نظموں کو دیکھ کر یہ کہنا بجا معلوم ہوتا ہے کہ سرور کی نظمیں ہندوستان کی عظمت کی تاریخ اور عظیم ہندوستانیوں کی داستان ہیں۔ سرور کا کمال یہ ہے کہ انھوں نے شاعری کے ذریعے عوام کے

دلوں میں بغاوت کا جذبہ پیدا کرنے کی بجائے ان کے دلوں میں محبت کا جذبہ بیدار کیا۔ مزاج میں شرافت اور سادگی کی وجہ سے انقلاب کا نعرہ بلند کرنے کی بجائے انھیں مصلحت پسندی پر آمادہ کیا۔ احتجاج کے بجائے دلوں میں مادر وطن کی عظمت کا احساس پیدا کیا۔ قومی اتحاد اور آپسی محبت کا درس دیا۔ آزاد ہندوستان کا ایسا واضح اور دل خوش تصور پیش کیا جو دوسرے کسی اور شاعر کے یہاں قطعی نظر نہیں آتا۔ قومی اور وطنی شاعری کے لیے فکر و نظر کی جو گہرائی، تخیل کی جو بلند پروازی، جذبات کی جو آہنگی اور فطرت سے جس قدر وابستگی درکار ہے سرور کی وطنی شاعری ان تمام خوبیوں سے مالا مال ہے، نظمیہ شاعری جن حسین جذبوں اور خوبصورت احساسات سے عبارت ہے سرور کی شاعری میں وہ تمام اوصاف و عوامل پوری طرح پائے جاتے ہیں۔ سرور کی ایک مقبول نظم ''گلزار وطن'' کی تفہیم اس طرح ہے۔

پھولوں کا کنج دل کش بھارت میں اک بنائیں
حب وطن کے پودے اس میں نئے لگائیں
پھولوں میں جس چمن کے ہو بوئے جاں نثاری
حب وطن کی قلمیں ہم اس چمن سے لائیں
خون جگر سے سینچیں ہر نخل آرزو کو
اشکوں سے بیل بوٹوں کی آبرو بڑھائیں
ایک ایک گل میں پھونکیں روح شمیم وحدت
اک اک کلی کو دل کے دامن سے دیں ہوائیں
فردوس کا نمونہ اپنا ہو کنج دل کش
سارے جہاں کی جس میں ہوں جلوہ گر فضائیں
چھایا ہو ابر رحمت کاشانہ چمن میں
رم جھم برس رہی ہوں چاروں طرف گھٹائیں

مرغان باغ بن کر اڑتے پھریں ہوا میں
نغمے ہوں روح افزا اور دل ربا صدائیں
حب وطن کے لب پر ہوں جاں فزا ترانے
شاخوں پہ گیت گائیں پھولوں پہ چہچہائیں
چھائی ہوئی گھٹا ہو موسم طرب فزا ہو
جھونکے چلیں ہوا کے اشجار لہلہائیں
اس کنج دل نشیں میں قبضہ نہ ہو خزاں کا
جو ہو گلوں کا تختہ تختہ ہو اک جناں کا
بلبل کو ہو چمن میں صیاد کا نہ کھٹکا
خوش خوش ہو شاخ گل پر غم ہو نہ آشیاں کا
حب وطن کا مل کر سب ایک راگ گائیں
لہجہ جدا ہو گرچہ مرغان نغمہ خواں کا
ایک ایک لفظ میں ہو تاثیر بوئے الفت
انداز دل نشیں ہو ایک ایک داستاں کا
مرغان باغ کا ہو اس شاخ پر نشیمن
پہنچے نہ ہاتھ جس تک صیاد آسماں کا
موسم ہو جوش گل کا اور دن بہار کے ہوں
عالم عجیب دل کش ہو اپنے گلستاں کا
مل مل کے ہم ترانے حب وطن کے گائیں
بلبل ہیں جس چمن کے گیت اس چمن کے گائیں

نظم کی تفہیم :

منشی درگا سہائے سرور جہاں آبادی (1910-1873) اردو نظم کے مشہور شاعر گزرے ہیں۔انہوں نے اپنی نظم ''گلزار وطن'' میں لوگوں کو وطن سے پیار کرنے اور اس کی خوبصورتی کو بڑھانے کے لیے مل کر کام کرنے کا پیغام دیا ہے۔سرور جہاں آبادی نظم کے پہلے بند میں کہتے ہیں کہ اے ہندوستان والو آؤ ہم سب مل کر ہمارے خوبصورت وطن ہندوستان میں قومی یکجہتی کا ایک گلدستہ تیار کریں جہاں تمام مذاہب اور تمام تہذیبوں کے لوگ ایک خوبصورت چمن کی طرح مل کر رہیں۔انہوں نے وطن میں وطن کی محبت کا جذبہ پیدا کرنے پر زور دیا۔

سرور جہاں آبادی نے ہندوستان کو ایک خوبصورت باغ سے تشبیہ دی ہے اور اہل ہند کو پھول کہا ہے۔وہ کہتے ہیں کہ یہاں کے پھول جیسے لوگوں میں وطن کی خاطر جان نثار کرنے کا جذبہ ہو۔ہم اپنے وطن میں حب وطن کے پیڑ پودے لگائیں۔یعنی لوگوں میں وطن سے محبت کے جذبے کو پروان چڑھائیں۔اس وطن کی تعمیر کے لیے ہمیں اپنا خون پسینہ ایک کرنا ہے۔جس طرح پودوں کو پانی دیا جاتا ہے اسی طرح وطن کی خاطر ہم اپنا پسینہ بہائیں گے۔لوگوں میں آپسی اتحاد کو پروان چڑھائیں گے اور لوگوں کے دلوں میں پیار محبت اور بھائی چارے کے جذبے کو پروان چڑھائیں گے۔اگر ہم مل جل کر خوش رہیں تو ہمارا وطن اس زمین پر جنت کا نمونہ بن جائے گا جہاں ہر طرف خوشحالی چین وسکون ہوگا۔اور سارے جہاں کے لوگوں کا یہ ایک حسین گلدستہ بن جائے گا۔اگر لوگوں میں پیار محبت ہو تو یہاں کے موسموں سے لوگ لطف اندوز ہوں گے۔بارش کے موقع پر ہر طرف رونق رہے گی۔یہاں کے چرند پرند خوشی سے جھومنے لگیں گے۔اور ان کی دلوں کو چھو لینے والی آوازوں سے ساری فضا گونج اٹھے گی۔ہر طرف وطن کی محبت کے نغمے گائے جائیں گے اور ہمارا وطن ایک گلزار بن جائے گا۔جس میں ہر طرف خوشی ومسرت کی ہوائیں چلتی ہوں۔

نظم کے دوسرے بند میں شاعر اس امید کا اظہار کرتا ہے کہ ایک چمن جیسے خوبصورت وطن میں کبھی خزاں نہ آئے کبھی لوگوں کا اتحاد نہ ٹوٹے۔ کبھی لوگوں کے آپسی بھائی چارے میں کمی نہ آئے۔ یہاں کے پھول ہمیشہ شاداب رہیں۔ یہاں کے انسانوں اور پرندوں کو کبھی غلامی کی مشکلیں نہ جھیلنی پڑیں۔ انسان اور حیوان سب خوشی کا گیت گائیں۔ پرندے اپنے گھونسلوں میں محفوظ رہیں انسان اپنے گھروں میں آباد رہیں۔ دونوں اپنی اپنی آوازوں میں خوشی کے گیت گاتے رہیں۔ ہم امید کرتے ہیں کہ ہمارے خوبصورت وطن میں ہمیشہ خوشیوں کی بہار قائم رہے۔ ہم اس وطن کے بلبل ہیں اور آپس میں مل کر اس وطن کے ترانے گاتے ہیں۔ اس طرح شاعر نے تشبیات استعمال کرتے ہوئے ہندوستان کو ایک خوبصورت گلدستے سے تشبیہ دی ہے۔

مرکزی خیال: سرؔور جہاں آبادی نے نظم ''گلزار وطن'' میں ہندوستان کو ایک خوبصورت باغ سے تشبیہ دی ہے اور یہاں رہنے والے لوگوں کو پھول کہا ہے۔ شاعر نے باغ سے متعلق تشبیہات کے استعمال کرتے ہوئے اس امید کا اظہار کیا ہے کہ یہاں مختلف تہذیبوں کے لوگ ایک گلدستے کے خوبصورت پھولوں کی طرح مل جل کر رہیں۔ جب آپسی اتحاد برقرار رہے گا تو چمن کی خوبصورتی اور بہار قائم رہے گی۔ سرؔور جہاں آبادی کی یہ نظم ہر زمانے میں ہندوستان کی قومی یکجہتی کو واضح کرتی ہے۔

خاکِ ہند برج نارائن چکبستؔ

برج نارائن چکبستؔ ((1882 - 1926)) اردو کے مشہور محبّ وطن نظم گو شاعر گزرے ہیں۔چکبستؔ کا لکھنؤ کے ایک کشمیری برہمن خاندان سے تعلق تھا۔فیض آباد میں پیدا ہوئے۔نشو ونما لکھنؤ میں ہوئی۔مغربی تعلیم کے ساتھ فارسی ادب کا بھی مطالعہ کیا۔کیننگ کالج سے بی۔اے۔کی ڈگری لی، پھر قانون کا امتحان پاس کر کے وکالت کرنے لگے۔اس پیشہ میں ایسی کامیابی حاصل کی کہ لکھنؤ کے بہترین وکیلوں میں گنے جانے لگے۔شاعری کا ذوق انہیں شروع سے تھا۔ پہلے غزلیں کہیں پھر نظمیں لکھنے لگے۔کسی کی باقاعدہ شاگردی اختیار نہیں کی۔ قدامت اور فرسودگی سے اپنی غزل کو دور رکھا۔اس وقت ہندوستان کی سیاست میں جو ہل چل مچی ہوئی تھی اور جنگ آزادی جس منزل سے گزر رہی تھی چکبستؔ کی نظمیں اس کی مظہر کہی جا سکتی ہیں۔مجموعی طور پر وہ ایک روشن خیال شاعر تھے اور ملک وقوم کو آگے بڑھانا چاہتے تھے۔ان کی نظمیں تعلیم یافتہ نوجوانوں کے جذبات کی ترجمان ہیں۔چکبستؔ پر انیس کا بہت اثر تھا۔مرثیہ گوئی ان کے لیے ذرا مشکل تھی اس لیے مرثیے کے بجائے رامائن کے بعض دلچسپ اور موثر واقعات انھوں نے میر انیس کے انداز میں لکھے ہیں جو اردو شاعری میں بڑا مقام رکھتے ہیں۔ان کے اسلوب میں مرثیہ کی جھلک نمایاں ہے۔انھوں نے شخصی مرثیے بھی لکھے ہیں جن میں جذبات کا دردمندانہ پیرایہ میں اظہار کیا ہے۔چکبستؔ کی زبان لکھنؤ کی شستہ زبان ہے۔ بندش کی چستی کے ساتھ مناسب ہندی الفاظ کے خوشگوار امتزاج سے کلام کا حسن بڑھایا ہے۔چکبست اچھے نثر نگار بھی تھے۔ان کے مضامین کا مجموعہ چھپ چکا ہے جس سے ان کی علمیت اور تنقیدی صلاحیتوں کا پتہ چلتا ہے۔چکبستؔ اپنی زندگی میں مثنوی " گلزار نسیم " کے مباحثوں کی بدولت

بہت مشہور ہوئے۔ ان کا شعری مجموعہ "صبح وطن" کے نام سے ہے جو ان کے انتقال کے بعد شائع ہوا۔ اُنھوں نے اپنی شاعری کے ذریعہ قومی یکجہتی کو فروغ دیا اور لوگوں میں وطن سے محبت کے جذبہ کو پروان چڑھایا ان کی مشہور نظم ''خاکِ ہند'' ہے۔

انجم سے بڑھ کے تیرا ہر ذرہ ضو فشاں ہے
جلووں سے تیرے اب تک حسن ازل عیاں ہے
انداز دل فریبی جو تجھ میں ہے کہاں ہے
فخر زمانہ تو ہے اور نازش جہاں ہے
افتادگی میں بھی تو ہم اوج آسماں ہے
''اے خاک ہند تیری عظمت میں کیا گماں ہے''
وہ کج کلاہ تیرے وہ سورویر تیرے
وہ تیغ زن کماں کش وہ قلعہ گیر تیرے
ناپید آج ہیں گو تاج و سریر تیرے
شاہوں سے ہیں زیادہ لیکن فقیر تیرے
پستی میں سر بلندی سب پر تری عیاں ہے
اے خاک ہند تیری عظمت میں کیا گماں ہے
منظر وہ جاں فزا ہیں اور دل پذیر تیرے
جانیں ہیں تجھ پہ شیدا اور دل اسیر تیرے
شیریں و صاف دریا ہیں جوئے شیر تیرے
ہیں دشت و کوہ و صحرا جنت نظیر تیرے
آنکھیں جدھر اٹھاؤ فردوس کا سماں ہے

اے خاک ہند تیری عظمت میں کیا گماں ہے
تجھ کو مٹا دیا ہے ہر چند آسماں نے
پھونکا ہے آہ دل کو سوز غم نہاں نے
چھوڑی نہ تاب اپنی پر حسن دل ستاں نے
جوہر بھرے ہیں تجھ میں صناع دو جہاں نے
فصل خزاں ہے تیری پھر بھی تو گل فشاں ہے
اے خاک ہند تیری عظمت میں کیا گماں ہے
گو حد سے بڑھ گیا ہے رنج و ملال تیرا
اب تک مٹا نہیں ہے نقش جمال تیرا
آخر کبھی تو ہوگا ظاہر کمال تیرا
ہوگا کبھی تو آخر دور زوال تیرا
کب اک روش پہ قائم یہ دور آسماں ہے
اے خاک ہند تیری عظمت میں کیا گماں ہے

نظم کی تفہیم:

چکبست نے نظم ''خاک ہند'' میں مسدس کی ہیئت میں لکھی۔ اس نظم میں انہوں نے ہندوستان کی عظمت بیان کی۔ چنانچہ نظم کے پہلے بند میں وہ کہتے ہیں کہ اے سرزمین ہندوستان تیری شان وشوکت، عظمت و بڑائی میں کوئی شک اور گمان نہیں ہے۔ ہندوستان کو ہر زمانے میں سونے کی چڑیا کہا گیا ہے۔ یہاں کی زمین قدرتی وسائل سے مالا مال ہے۔ یہاں زندگی گزارنے کے لیے ہمیشہ موسم خوشگوار رہتے ہیں۔ یہی وجہ ہے کہ کئی بیرونی اقوام یہاں آئیں اور یہی کی ہوگئیں۔ یہاں بارش بھی اچھی ہوتی ہے۔ اس لئے یہاں زندگی آسان دکھائی دیتی ہے۔ شمال سے جنوب، مشرق سے مغرب سارا ہندوستان پہاڑ، ندی، نالے، جنگل میدان کی خوبصورتی

سے بھرا ہوا ہے۔ یہاں کے جنگل و باغات، پہاڑ وندیاں، یہاں کے قدرتی حسن میں اضافہ کرتے ہیں۔ اسی لئے وطن کی محبت میں ڈوبا شاعر کہتا ہے کہ ہندوستان میں ہر روز صبح سورج اپنے کرنوں سے روشنی بکھیر کر خدمت انجام دیتا ہے اور ایسا لگتا ہے کہ وہ ہمالیہ پہاڑ کی چوٹی کے بوند دیکھا ہے کیونکہ صبح کی پہلی کرن جب برفیلی پہاڑ پر پڑتی ہے تو وہ روشنی سے چمک اُٹھتی ہے۔

نظم کے دوسرے بند میں چکبستؔ ہندوستان کی تعریف کا سلسلہ جاری رکھتے ہوئے مزید کہتے ہیں کہ ہندوستان میں کئی بڑے مشہور دریا گزرے ہیں جیسے سندھ، ستلج، گنگا جمنا، برہما پترا، کاویری، تنگبھدرا وغیرہ یہ دریا ہندوستان کے علاوہ چین اور عرب کو بھی سیراب کرتے ہیں۔ اس طرح ہندوستان دوسرے مما لک کو بھی فائدہ پہنچانے کا ذریعہ بنتا ہے۔ جس زمانے میں ساری دنیا جنگ و جدل میں ڈوبی ہوئی تھی۔ اس وقت ہندوستان کے سائنس داں اور فلسفی اپنے علم وفن سے دنیا کو فائدہ پہنچا رہے تھے۔ ریاضی علم نجوم اور طب کے شعبے ہندوستان نے دنیا بھر میں نام کمایا۔ علم وفلسفے کے لیے مشہور رہا ہے۔ لیکن ہندوستان میں شعراء نے اپنے ادب سے دنیا میں نام کمایا ہے۔ میرؔ، غالبؔ، انیسؔ اور اقبالؔ جیسے شاعر عالمی ادب میں اپنا مقام پیدا کیا۔ اس طرح زندگی کے مختلف شعبوں میں ہندوستان کی عظمت و بڑائی برقرار رہی۔

نظم کے تیسرے بند میں چکبستؔ کہتے ہیں کہ ماضی کی عظمت آج بھی برقرار ہے۔ یہاں کا موسم یہاں کے جغرافیائی حالات یہاں کے قدرتی وسائل سب کچھ وہی ہیں۔ لیکن کیا بات ہیکہ یہاں کے بسنے والے لوگوں کے دلوں میں سستی اور مایوسی آ گئی ہے۔ لوگ غلام ہو گئے ہیں۔ لوگوں کی آزادی اور خوشیاں چھن گئی ہیں۔ یہاں کی مٹی وہی ہے، اس کے باوجود یہاں کی قوم غلام ہوگئی ہے۔ چکبست کا اشارہ انگریزوں کی ہندوستان میں آمد اور غلام کی ایک طویل دور سے تھا۔ اس نظم کے ذریعہ چکبست لوگوں کو وطن سے محبت کا جذبہ پیدا کرتے ہوئے اُنھیں اُصول آزادی کی جدوجہد میں شامل رکھنا چاہتے تھے۔

نظم کے چوتھے بند میں چکبستؔ خوابِ غفلت میں ڈوبی ہندوستانی قوم کو خواب سے

جگانے کے لیے وطن کی محبت کے گیت کو صور سے تشبیہ دیتے ہوئے واضح کیا ہے کہ جب قیامت برپا ہوگی تو اس وقت اللہ کے حکم سے حضرت اسرافیل علیہ السلام صور پھونکیں گے یہ ایسی آواز ہوگی جس سے دھماکہ کے ساتھ ساری کائنات ختم ہوجائے گی۔ صور ایک بڑی تبدیلی کی علامت ہے۔ چنانچہ غلامی میں ڈوبی ہندوستانی قوم کو آزادی دلانے کیلئے چکبست وطن سے محبت کے ترانے کو صور کی طرح عام کرنا چاہتے ہیں اور اس گیت سے یہ وہ اُمید کرتے ہیں کہ لوگ پوری آزادی کی زندگی گزارنے لگے ہیں۔ یہ گیت ایسا ہوگا جو یہاں کے لوگوں کی مردہ اور آزردہ طبیعتوں میں جان ڈال دے گا۔ لوگوں کے دل راکھ کی طرح بجھ گئے ہیں۔ شاعر اُمید کرتا ہے کہ بجھے ہوئے دلوں میں حب وطن کی چنگاری پیدا ہوگی۔ لوگوں کی آنکھوں میں وطن سے محبت اور اُسے آزادی دلانے کی چمک پیدا ہو۔ اس طرح یہ گیت لوگوں کے دلوں اور دماغ میں نشہ کی طرح چھا جائے گا اور انھیں آزادی کی نعمت حاصل کرنیکی طرف راغب کرے گا۔

نظم کے آخری بند میں چکبستؔ کہتے ہیں کہ وطن کی آزادی اور روشنی پھیلانا جوئے شیر لانے جیسا مشکل کام ہے لیکن ہمیں بہرحال یہ کام کرنا ہے۔ کیونکہ آزادی کے بغیر زندگی اس قسم کی ہے جس کی کوئی آنکھ نہیں ہو۔ یہاں کا ہر ذرہ ایسا روشن ہے کہ وہ سورج کو بھی شرما دے۔

یہاں کے پھول اور یہاں کے کانٹے سب اہم ہیں۔ وطن کی مٹی ہمارے کپڑوں کے لیے قیمتی لباس سے کم نہیں۔ لوگ نہ صرف اپنی زندگی میں وطن سے محبت کرتے ہیں بلکہ اُس پر جان قربان کرنے کیلئے تیار رہتے ہیں بلکہ مرنے کے بعد بھی وطن کی مٹی کو کفن بنانا چاہتے ہیں۔ اسی طرح چکبست نے لوگوں کے دلوں میں ہندوستان کی عظمت پیدا کرتے ہوئے انھیں وطن سے محبت کرنے اور اس کی آزادی کیلئے مرمٹنے پر تیار کیا ہے۔

مرکزی خیال: چکبست اپنی نظم ''خاک ہند'' میں لوگوں کو وطن کی عظمت کا بھلایا ہوا سبق یاد دلا رہے ہیں۔ انھیں خواب غفلت سے جاگنے اور وطن کی محبت کیلئے آگے آنے کا جذبہ پیدا کررہے ہیں۔ چکبست کی یہ نظم قومی شاعری کی اچھی مثال ہے۔

اجنبی

اختر الایمان

اختر الایمان (1915-1996) اردو نظم کے مشہور شاعر گزرے ہیں۔ اردو میں ترقی پسند تحریک اور حلقہ ارباب ذوق جیسی تحریکات کے دوران اردو نظم کے میدان میں اپنی منفرد شناخت بنانے والے ایک اہم شاعر اختر الایمان ہیں۔ جو شاعر ہونے کے علاوہ فلم اسکرپٹ رائٹر کے طور پر بھی مشہور ہوئے۔ ان کی ایک مشہور نظم ''ایک لڑکا'' ہے جس کا تنقیدی مطالعہ پیش ہے۔ اختر الایمان 12 نومبر 1915ء ضلع بجنور (اتر پردیش) کی تحصیل نجیب آباد میں پیدا ہوئے۔ ان کے والد کا نام مولوی فتح محمد تھا۔ اختر الایمان نے دہلی یونیورسٹی سے 1942ء بی اے پاس کیا۔ انہوں نے علی گڑھ مسلم یونیورسٹی سے ایم اے اردو سال اول کی تعلیم بھی حاصل کی۔ ابتداء میں کچھ عرصے تک وہ محکمہ سول سپلائز سے جڑے رہے۔ پھر انہوں نے آل انڈیا ریڈیو، دہلی میں بھی کام کیا۔ ماہنامہ ''ایشیاء'' میرٹھ کے مدیر رہے پھر فلم اسکرپٹ رائٹر کے پیشے کو اختیار کیا۔ کچھ عرصہ پونے میں رہے اور پھر وہ ممبئی منتقل ہوگئے جہاں تا حیات فلموں میں مکالمہ نگار اور اسکرپٹ رائٹر کی حیثیت سے کام کرتے رہے۔ انہوں نے جن فلموں کا اسکرپٹ لکھا ان میں مغل اعظم' پاکیزہ' وقت' میرا اسایہ' آدمی' قانون' مجرم' اپرادھ' چاندی سونا اور دھرم پتر وغیرہ شامل ہیں۔ فلموں کے لئے ان کی خدمات کے اعتراف میں انہیں فلم فیر ایوارڈ بھی دیا گیا۔ اختر الایمان کا کہنا تھا کہ فلموں سے دیگر مادی فوائد کے علاوہ انہیں بصیرت ملی اور انسانوں کو قریب سے دیکھنے اور سمجھنے کا موقع ملا۔

اختر الایمان بنیادی طور پر نظم گو شاعر تھے۔ انہوں نے ایک ایسے دور میں شاعری کی جب کہ ترقی پسند تحریک اور حلقہ ارباب ذوق کے تحت وابستگی عام تھی لیکن انہوں نے اپنے آپ کو

کسی قسم کی نظریاتی وابستگی، روایتی شعری وضع داری سے الگ رکھا۔ان کی شاعری کو فکری لحاظ سے ''اس عہد کا ضمیر'' کہا گیا ہے۔وہ اپنے منفرد انداز شعر گوئی کے سبب اردو کے نظم گو شعرا میں مقبول وممتاز رہے۔انہوں نے شاعری کا آغاز رومانوی انداز میں کیا بعد میں زندگی کے مسائل کو فلسفیانہ انداز میں پیش کرتے رہے۔ان کی نظمیں انسان دوستی کے جذبات کو اجاگر کرتی ہیں۔نظم کی ہئیت کے لئے انہوں نے معری نظم کو اختیار کیا جس میں وزن اور بحر کا تو خیال رکھا جاتا ہے لیکن قافیہ ردیف کی پابندی نہیں ہوتی۔ان کی کچھ نظمیں آزاد بھی ہیں۔ان کی نظم نگاری کا ایک اہم وصف بیانیہ انداز ہے۔جس میں وہ ایک قصہ گو کی طرح اپنے خیالات بیان کرتے جاتے ہیں۔ان کی نظمیں ایک لڑکا''،'' کل کی بات''،'' شیشے کا آدمی''،'' بیداد''،'' مفاہمت''،'' تحلیل ''اور'' دلی کی گلیاں'' بیانیہ کی اچھی مثالیں ہیں۔زبان وبیان اور اسلوب کی سطح پر اختر الایمان نے جدید اردو شاعری پر گہرا اثر ڈالا اور انہیں اقبال کے بعد پانچ سب سے بڑے شعرا میں شمار کیا جاتا ہے۔ جدید اردو نظم کے بنیاد سازوں میں شامل، صف اول کے فلم مکالمہ نگار اختر الایمان کا انتقال 9 مارچ 1996 کو عارضہ قلب کے باعث ہوا۔

اختر الایمان کے شعری مجموعوں میں گرداب 1943۔سب رنگ 1946۔تاریک سیارہ 1952۔آب جو 1959۔یادیں 1960۔بنت لمحات 1969۔نیا آہنگ 1977۔سروساماں 1983۔زمین زمین 1990 زمستاں سرد مہری کا 1997 بعد از مرگ شائع ہوئے۔ان کے ڈراموں کا ایک مجموعہ سب رنگ'' 1948ء میں شائع ہوا جب کہ ان کی آپ بیتی ''اس آباد خرابے میں'' 1996ء میں شائع ہوئی۔ان کے شعری مجموعے'' یادیں'' کو 1962ء میں ساہتیہ اکیڈیمی ایوارڈ بھی ملا۔

تو ہے کچی کونپل اب تک جس کے لوچ میں پیار ہی پیار
اور میں گرمی سردی چکھے ڈالی پر اک تنہا پات
تو سچا موتی میں ہیرا پھرا جو برسوں ہاتھوں ہات
تو اوشا کی پہلی کرن ہے اور میں جیسے بھیگی رات
تو تاروں کے نور کی دھارامیں گہرا نیلا آکاش
میں ہوں جیسے ٹوٹا نشہ،تو ہے شاخ نبات
تو ہے ایک ایسی شہنائی جس کی دھن پر ناچے موت
تیری دنیا جیت ہی جیت ہے میری دنیا؟ چھوڑ یہ بات
تو ہے ایک پہیلی جس کو بوجھے وہ جان سے جائے
تو ہے ایسی مٹی جس سے لاکھوں پھول چڑھیں پروان
آمیں تیراانگ بھی چھودوں، چھوڑ یہ بھیداور بھاؤ کی بات
میں نے وہ سرحد چھولی ہے جہاں امر ہوجائیں پران
اے آنکھوں میں کھبنے والی جانے کون کہاں رہ جائے
جیون کی اس دوڑ میں پگلی ہم دونوں ہیں آج انجان
لیکن اے سپنوں کی مایا تو چاہے تو روگ مٹیں
میں نے دنیا دیکھی ہے تو میری باتیں جھوٹ نہ جان
جیون کی اس دوڑ میں ناداں یاد اگر کچھ رہتا ہے
دو آنسو،اک دبی ہنسی،دو روحوں کی پہلی پہچان

نظم کی تفہیم

اخترؔ الایمان (1915-1996) اردو نظم کے مشہور شاعر گزرے ہیں۔انہوں نے اپنی شاعری میں اپنے خوشگوار ماضی کو یاد کیا ہے۔نظم اجنبی میں وہ اپنے محبوب کو یاد کرتے ہیں جو ان کا شاندار ماضی تھا۔زندگی کی خوشیاں تھیں جو انسان کو میسر نہیں آتیں۔چنانچہ نظم ''اجنبی'' میں وہ اپنے ان دیکھے محبوب اور خوشی کو یاد کرتے ہوئے کہتے ہیں کہ اے محبوب تو ایک پودے کی ڈالی کی طرح کچی کونپل ہے۔جس میں پیار ہی پیار چھپا ہوا ہے۔میں دنیا کے حادثات گرم و سرد سہتے ہوئے ایک تنہا پتے کی طرح اکیلا انسان ہوں۔جسے پیڑ کی چھاؤں اور زندگی کی حقیقی مسرتوں کا انتظار ہے۔

اجنبی کو خطاب کرتے ہوئے شاعر اختر الایمان کہتے ہیں کہ تو سچا موتی ہے جب کہ میں برسوں لوگوں کے ہاتھوں میں رہ کر متاثر رہا ہوں۔وہ اپنے محبوب سے تقابل کرتے ہوئے کہتے ہیں کہ میرا محبوب اجنبی امید کی کرن ہے جب کہ میں بھیگی رات کی طرح ہوں۔تو تاروں کا نور ہے جب کہ میں نیلا آسمان۔میں ایک ختم ہوتا نشہ سا ہوں جب کہ میرا محبوب مصری کی ڈلی کی طرح میٹھا اور پودے کی ڈالی کی طرح نازک ہے۔تو ایک شہنائی ہے جس پر موت بھی ناچنے لگے۔

شاعر کو احساس ہے کہ اس کا ماضی اس کا محبوب اجنبی شخص ہمیشہ کامیاب رہتا ہے جب کہ میں زندگی کی ٹھوکریں کھاتا رہا۔شاعر مزید کہتا ہے کہ تو ایک پہیلی ہے جسے کوئی نہیں جان سکتا۔البتہ تو ایک ایسی مٹی ہے جس میں زرخیزی ہے اور کئی پھول کے پودے اس پر اُگ سکتے ہیں یعنی تو لوگوں کی زندگیوں میں خوشیاں لاسکتی ہے۔میں چاہتا ہوں کہ خوشی کسی کو ملے کسی کو نہ ملے یہ تفریق نہیں ہونی چاہئے۔میں حادثات کی اس منزل پر ہوں جہاں زندگی امر ہو جاتی ہے۔تیری یاد ہمیشہ آنکھوں میں چھائی رہتی ہے۔لیکن زندگی کی اس دوڑ میں ہم ابھی تک اجنبی ہیں۔لیکن اے سپنوں کی رانی اگر تو مجھے مل جائے تو زندگی میں خوشی آجائے۔میں نے دنیا دیکھی

ہے اچھے برے کا تجربہ رکھتا ہوں اس لیے کہتا ہوں کہ زندگی میں حقیقی مسرت آجائے تو سب اچھا ہو جائے۔

زندگی کی اس دوڑ میں ہم بہت سی باتیں بھول جاتے ہیں لیکن جو باتیں یاد رہ جاتی ہیں ان میں مشکل وقت کے دو آنسو، خوشی کے وقت کی ہنسی اور اجنبی سے دوستی شامل ہیں۔

مرکزی خیال: اخترالایمان نے نظم میں خواب اور حقیقت کی کشمکش بیان کی ہے۔ اخترالایمان کا بچپن گاؤں میں کھیت کھلیانوں میں گزرا تھا۔ بعد میں انہوں نے اپنی شاعری میں اپنے بچپن کی یادوں کو بے ساختگی سے دہرایا ہے۔ چنانچہ اس نظم "اجنبی" میں بھی وہ ماضی کی خوشیوں کو یاد کرتے ہیں۔ اور مختلف تشبیہوں سے اسے یاد کرتے ہیں۔ اس اجنبی کے ساتھ انہوں نے اپنا تقابل کیا ہے جو ہندوستان کی جد و جہد آزادی کے زمانے میں مشکلات سے دوچار تھے۔ یہ نظم تمام ہندوستانیوں کے جذبات کا اظہار کرتی ہے جو ایک اجنبی خوشی کے انتظار میں زندگی آس اور امید میں گزار رہے تھے۔

ایک لڑکا اخترالایمان

اخترالایمان کی ایک مشہور نظم ''ایک لڑکا'' ہے۔ جو مناظر فطرت' شاعر کے جذبات کی عکاسی اور اپنے بیانیہ کے لئے مشہور ہے۔ نظم اس طرح ہے۔

دیارِ شرق کی آبادیوں کے اونچے ٹیلوں پر
کبھی آموں کے باغوں میں کبھی کھیتوں کے مینڈوں پر
کبھی جھیلوں کے پانی میں کبھی بستی کی گلیوں میں
کبھی کچھ نیم عریاں کم سنوں کی رنگ رلیوں میں
سحر دم جھٹپٹے کے وقت راتوں کے اندھیرے میں
کبھی میلوں میں ناٹک ٹولیوں میں ان کے ڈیرے میں
تعاقب میں کبھی گم تتلیوں کے سونی راہوں میں
کبھی ننھے پرندوں کی نہفتہ خواب گاہوں میں
برہنہ پاؤں جلتی ریت یخ بستہ ہواؤں میں
گریزاں بستیوں سے مدرسوں سے خانقاہوں میں
کبھی ہم سن حسینوں میں بہت خوش کام و دل رفتہ
کبھی پیچاں بگولہ ساں کبھی جیوں چشم خوں بستہ
ہوا میں تیرتا خوابوں میں بادل کی طرح اُڑتا
پرندوں کی طرح شاخوں میں چھپ کر جھولتا مڑتا

مجھے اک لڑکا آوارہ منش آزاد سیلانی
مجھے اک لڑکا جیسے تند چشموں کا رواں پانی
نظر آتا ہے یوں لگتا ہے جیسے یہ بلائے جاں
مرا ہم زاد ہے ہر گام پر ہر موڑ پر جولاں
اسے ہم راہ پاتا ہوں یہ سائے کی طرح میرا
تعاقب کر رہا ہے جیسے میں مفرور ملزم ہوں
یہ مجھ سے پوچھتا ہے اخترالایمان تم ہی ہو

خدائے عز و جل کی نعمتوں کا معترف ہوں میں
مجھے اقرار ہے اس نے زمیں کو ایسے پھیلایا
کہ جیسے بستر کم خواب ہو دیبا و مخمل ہو
مجھے اقرار ہے یہ خیمہء افلاک کا سایہ
اسی کی بخششیں ہیں اس نے سورج چاند تاروں کو
فضاؤں میں سنوارا اک حد فاصل مقرر کی
چٹانیں چیر کر دریا نکالے خاک اسفل سے
مری تخلیق کی مجھ کو جہاں کی پاسبانی دی
سمندر موتیوں مونگوں سے کانیں لعل و گوہر سے
ہوائیں مست کن خوشبوؤں سے معمور کردی ہیں
وہ حاکم دانا بینا قادر مطلق ہے یکتا ہے
اندھیرے کو اجالے سے جدا کرتا ہے خود کو میں
اگر پہچانتا ہوں اس کی رحمت اور سخاوت ہے

اسی نے خسروی دی ہے لیئموں کو مجھے نکبت
اسی نے یاوہ گویوں کو مرا خازن بنایا ہے
تونگر ہرزہ کاروں کو کیا دریوزہ گر مجھ کو
مگر جب جب کسی کے سامنے دامن پسارا ہے
یہ لڑکا پوچھتا ہے اخترالایمان تم ہی ہو

معیشت دوسروں کے ہاتھ میں ہے میرے قبضہ میں
جز اک ذہن رسا کچھ بھی نہیں پھر بھی مگر مجھ کو
خروش عمر کے اتمام تک اک بار اٹھانا ہے
عناصر منتشر ہو جانے نبضیں ڈوب جانے تک
نوائے صبح ہو یا نالہء شب کچھ بھی گانا ہے
ظفر مندوں کے آگے رزق کی تحصیل کے خاطر
کبھی اپنا ہی نغمہ ان کا کہہ کر مسکرانا ہے
وہ خامہ سوزی شب بیداریوں کا جو نتیجہ ہو
اسے اک کھوٹے سکے کی طرح سب کو دکھانا ہے
کبھی جب سوچتا ہوں اپنے بارے میں تو کہتا ہوں
کہ تو اک آبلہ ہے جس کو آخر پھوٹ جانا ہے
غرض گرداں ہوں بادِ صبح گاہی کی طرح لیکن
سحر کی آرزو میں شب کا دامن تھامتا ہوں جب
یہ لڑکا پوچھتا اخترالایمان تم ہی ہو

یہ لڑکا پوچھتا ہے جب تو میں جھلا کے کہتا ہوں
وہ آشفتہ مزاج اندوہ پرور اضطراب آسا
جسے تم پوچھتے رہتے ہو کب کا مر چکا ظالم
اسے خود اپنے ہاتھوں سے کفن دے کر فریبوں کا
اسی کی آرزوؤں کی لحد میں پھینک آیا ہوں
میں اس لڑکے سے کہتا ہوں وہ شعلہ مر چکا جس نے
کبھی چاہا تھا اک خاشاک عالم پھونک ڈالے گا
یہ لڑکا مسکراتا ہے یہ آہستہ سے کہتا ہے
یہ کذب و افترا ہے جھوٹ ہے دیکھو میں زندہ ہوں

نظم کی تفہیم

اخترالایمان کی نظم ''ایک لڑکا'' پڑھنے کے بعد ایسا لگتا ہے کہ ہم ان کے ساتھ ان کے بچپن اور جوانی کے دن دیکھ رہے ہوں۔ اخترالایمان کی نظم پڑھنے کے بعد ہمارے دل میں یہ خیال پیدا ہوتا ہے کہ آخر جانیں کہ یہ ایک لڑکا کون ہے جوان سے بار بار یہ سوال کرتا ہے کہ ''اخترالایمان تم ہی ہو۔

نظم ''ایک لڑکا'' میں پیش ہونے والا لڑکا کوئی اور نہیں خود شاعر اخترالایمان ہیں۔ شاعری کی ایک ٹکنیک یہ ہوتی ہے کہ خود کلامی کے انداز میں شاعر اپنے وجود سے یا اپنے ہی تراشیدہ کسی کردار سے بات کرتا ہے۔ اخترالایمان خود اس نظم کی وجہ تخلیق بیان کرتے ہوئے اپنے شعری مجموعے ''یادیں'' کے دیباچے میں لکھتے ہیں۔

''نظم ''ایک لڑکا''، پہلی بار میں نے موضوع کے طور پر محسوس نہیں کی تھی تصویر کی شکل میں دیکھی تھی۔ مجھے اپنے بچپن کا ایک واقعہ ہمیشہ یاد رہا ہے اور یہ واقعہ اسی نظم کا محرک ہے۔ ہم ایک گاؤں سے منتقل ہو کر دوسرے گاؤں جا رہے تھے اس وقت میری عمر تین چار سال کی ہوگی۔ ہمارا سامان

ایک بیل گاڑی میں لا دا جا رہا تھا۔ اور میں اس گاڑی کے پاس کھڑا اس منظر کو دیکھ رہا تھا۔ میرے چہرے پر کرب اور بے بسی تھی اس لئے کہ میں اس گاؤں کو چھوڑنا نہیں چاہتا تھا۔ کیوں؟ یہ بات میں اس وقت نہیں سمجھتا تھا اب سمجھتا ہوں۔ وہاں بڑے بڑے باغ تھے۔ باغوں میں کھلیان پڑتے تھے۔ کوئلیں کوکتی تھیں پپیہے بولتے تھے۔ جوہڑ میں کنول اور نیلوفر کھلتے تھے۔۔ وہاں وہ سب تھا جو ذہنی طور پر مجھے پسند ہے۔ مگر وہ معصوم لڑکا اس گاڑی کو نہیں روک سکا۔ اس گاڑی میں بیٹھ کر آگے چلا گیا۔ پھر اس لڑکے کو میں نے اکثر اپنے گرد وپیش پایا۔ یہ لڑکا جس کے اختیار میں کچھ بھی نہیں تھا مگر جو آزاد رہنا چاہتا تھا۔ جس کی فطرت اور نیچر دونوں ایک دوسرے سے قریب تھیں۔ جو معصومیت اور ستھرے پن کا اعلامیہ تھا جو ملوث نہیں تھا کسی کدورت سے بھی۔

اختر الایمان کہتے ہیں کہ وقت کے ساتھ اس لڑکے کی تصویر میرے ذہن سے محو ہو گئی۔ میں دنیا کی کشمکش میں کھو گیا۔ اور شاعر ہو گیا۔ پھر ایک بار میرے ذہن میں خیال آیا میں ایک نظم کہوں جس میں اپنے نام کا استعمال کروں۔ چوں کہ میں نے اپنے آپ کو اس لڑکے سے الگ کر لیا تھا اس لیے میری شخصیت دب گئی۔ اس لڑکے کی شخصیت ابھر آئی۔۔۔۔ پھر ایک دن رات کے ایک بجے قریب میری آنکھ کھل گئی۔ ذہن میں ایک مصرعہ گونج رہا تھا۔ یہ لڑکا پوچھتا ہے کہ اختر الایمان تم ہی ہو؟ مجھے معلوم تھا کہ یہ لڑکا کون ہے۔ مگر یہ مجھ سے اس قسم کی باز پرس کیوں کر رہا ہے؟ مجھ سے میرے اعمال کا حساب کیوں مانگ رہا ہے؟ اب ذہن کا شعوری عمل شروع ہوا۔ معاشرہ کی اخلاقی قدروں میں تضاد' معیشت کے لئے جدوجہد اور قدم قدم پر برائیوں کے ساتھ تعاون مذہب کی اندرونی اور بیرونی شکل۔ ذہن اپنے اعمال کا حساب دینے لگا اور محتسب یہ لڑکا تھا۔ یہ لڑکا جسے میں برسوں سے جانتا تھا۔ اختر الایمان کی شخصیت دو حصوں میں تقسیم ہو گئی تھی۔ ایک یہ لڑکا جو معصوم تھا اور دوسرا وہ جس نے دنیا کے ساتھ سمجھوتا کر لیا تھا'' (اختر الایمان۔ دیباچہ یادیں۔ص۔۳)

نظم ''ایک لڑکا'' کے بارے میں اختر الایمان کے خیالات سے اس نظم کا پس منظر اور مفہوم بہت

حد تک واضح ہو جاتا ہے۔اس نظم سے ہمیں ان کے ماضی اور حال کے رشتے کے تانے بانے کو سمجھنے میں آسانی ہو گی۔ مشہور نقاد فضیل جعفری بھی اس نظم کے متعلق کہتے ہیں کہ اس نظم کا موضوع ''ماضی کی یادوں نیز حال سے وابستہ تلخ حقائق کے درمیان تصادم ہے''۔

نظم ''ایک لڑکا'' کی ابتدا سوانحی فضا سے ہوتی ہے۔ پہلے بند کے ابتدائی حصے میں ہم نہ صرف نظم کے مرکزی کردار لڑکے سے متعارف ہوتے ہیں بلکہ اس کے خدوخال کے ساتھ اس کی معصومیت اور فطرت بھی قاری پر واضح ہو جاتی ہے۔اس حصے میں بچپن کی تصویر کشی، مناظر سے متعلق تفصیلات اور شاعر کے فنکارانہ بیانیہ نے ایک رومانی فضا قائم ہو جاتی ہے۔ ایک لڑکا متحرک وجود اختیار کر لیتا ہے اور آم کے باغوں میں، کھیتوں کی مینڈوں پر، گلیوں اور میلوں میں گھومتا ہوا، تتلیوں کے تعاقب میں بھاگتا ہوا اور ادھر ادھر بھٹکتا نظر آتا ہے۔ یہ بچپن اختر الایمان کا بچپن ہی نہیں بلکہ ہر بچے کا بچپن ہے جب اسے زندگی کے مسائل سے کچھ سروکار نہیں ہوتا اور آزادی کے مزے لوٹتا ہے۔اختر الایمان کا انداز دیکھئے۔

دیارِ شرق کی آبادیوں کے اونچے ٹیلوں پر
کبھی آموں کے باغوں میں کبھی کھیتوں کے مینڈوں پر
کبھی جھیلوں کے پانی میں کبھی بستی کی گلیوں میں
کبھی کچھ نیم عریاں کم سنوں کی رنگ رلیوں میں
سحر دم جھٹپٹے کے وقت راتوں کے اندھیرے میں
کبھی میلوں میں ناٹک ٹولیوں میں ان کے ڈیرے میں
تعاقب میں کبھی گم تتلیوں کے سونی راہوں میں
کبھی ننھے پرندوں کی نہفتہ خواب گاہوں میں
برہنہ پاؤں جلتی ریت یخ بستہ ہواؤں میں
گریزاں بستیوں سے مدرسوں سے خانقاہوں میں

کبھی ہم سن حسینوں میں بہت خوش کام و دل رفتہ
کبھی پیچاں بگولہ ساں۔۔۔ کبھی جیوں چشم خوں بستہ
ہوا میں تیرتا خوابوں میں بادل کی طرح اُڑتا
پرندوں کی طرح شاخوں میں چھپ کر جھولتا مڑتا
مجھے اک لڑکا آوارہ منش آزاد سیلانی
مجھے اک لڑکا جیسے تند چشموں کا رواں پانی
نظر آتا ہے یوں لگتا ہے جیسے یہ بلائے جاں
مرا ہم زاد ہے ہر گام پر ہر موڑ پر جولاں
اسے ہم راہ پاتا ہوں۔۔۔ یہ سائے کی طرح میرا
تعاقب کر رہا ہے جیسے میں مفرور ملزم ہوں
یہ مجھ سے پوچھتا ہے اخترالایمان تم ہی ہو

اخترالایمان نے نظم کا آغاز دیارشرق سے کیا ہے۔انہیں اندازہ ہے کہ مشرق ہی وہ علاقہ ہے جہاں زندگی کا سکون ہے اوراس سکون کومحسوس کرنے والے زندگی کے فرصت کے لمحات بھی۔نظم کے اس حصے میں دیہاتی زندگی کی منظرکشی بھی بڑے اعلیٰ پیمانے سے کی گئی ہے جو بچے شہری علاقوں میں رہتے ہیں انہیں فطرت کہ یہ حسین نظارے دستیاب نہیں ہوتے جواس لڑکے کوحاصل ہیں اور وہ اپنے بچپن میں ان نظاروں سے بھرپور لطف اندوز ہوتا ہے۔باغ کی بہاریں صبح کی ٹھنڈی ہوا' تتلیوں کے پیچھے بھاگنا' ندی نالوں میں کھیلنا' میلوں میں جانا' گھروں کی محفلوں کی رونقیں یہ وہ فطری مناظر ہیں جو دیہاتی زندگی میں ملتے ہیں اورکسی کا بچپن ایسے ماحول میں گذرا ہوتو وہ اس کا یادگار بچپن ہوگا۔ جسے وہ زندگی بھرنہیں بھولے گا۔ یہ وہ قدرتی مناظر ہیں جن سے آج کے شہری زندگی جینے والے بچے بڑے سب محروم ہیں۔آج دنیا کا یہ عالم ہے کہ وہ فطرت کے نظارے بھی اپنے فون کے اسکرین پر دیکھنے کے بعد فطرت کومحسوس کرنے کی ناکام کوشش

کرتے ہیں۔

نظم کے پہلے بند کے آخر میں باشعور اختر الایمان محسوس کرتے ہیں کہ ان کے بچپن کا فطرت کا متوالا لڑکا ان کے ہمزاد کی طرح مسلسل ان کے ساتھ لگا ہوا ہے اور آج زندگی کے اس دوراہے پر جب کے مسائل کا انبار ہے وہ مجھ سے پوچھ رہا ہے کہ جو اختر الایمان فطرت کے نظاروں میں گم رہا کرتا تھا آج یوں پریشان ہے وہ جاننے کے باوجود تجاہل عارفانہ سے کام لے رہا ہے اور پوچھ رہا ہے کہ وہ اختر الایمان تم ہی ہو۔اب نظم اپنا سفر طے کرتے ہوئے اس لڑکے کے ساتھ آگے بڑھتی ہے۔دیکھیے اختر الایمان نظم کے اگلے بند میں کیا کہتے ہیں۔

خدائے عز و جل کی نعمتوں کا معترف ہوں میں
مجھے اقرار ہے اس نے زمیں کو ایسے پھیلایا
کہ جیسے بستر کم خواب ہو دیبا و مخمل ہو
مجھے اقرار ہے یہ خیمہء افلاک کا سایہ
اسی کی بخششیں ہیں اس نے سورج چاند تاروں کو
فضاؤں میں سنوارا اک حد فاصل مقرر کی
چٹانیں چیر کر دریا نکالے۔۔ خاک اسفل سے
مری تخلیق کی مجھ کو جہاں کی پاسبانی دی
سمندر موتیوں مونگوں سے کانیں لعل و گوہر سے
ہوائیں مست کن خوشبوؤں سے معمور کردی ہیں
وہ حاکم دانا بینا قادر مطلق ہے یکتا ہے
اندھیرے کو اجالے سے جدا کرتا ہے خود کو میں
اگر پہچانتا ہوں اس کی رحمت اور سخاوت ہے
اسی نے خسروی دی ہے لئیموں کو مجھے نکبت

اسی نے یاوہ گویوں کو مرا خازن بنایا ہے
تونگر ہرزہ کاروں کو۔۔ کیا دریوزہ گر مجھ کو
مگر جب جب کسی کے سامنے دامن پسارا ہے
یہ لڑکا پوچھتا ہے اختر الایمان تم ہی ہو

نظم کا دوسرا حصہ ظاہر کرتا ہے کہ معصوم بچہ علم کے زیور سے آراستہ ہوتا ہے اور وہ اپنے پیدا کرنے والے رب کو اس کائنات میں پھیلی نشانیوں کے ذریعے پہچاننے لگتا ہے۔شاعر کو احساس ہے کہ خالق دوجہاں نے زمین وآسمان اور اس کے درمیان ہر چیز پیدا کی ہے اور شاعر کو یہ بھی احساس ہے کہ اسی رب ذوالجلال نے زندگی جیسی نعمت دی۔اشرف المخلوقات کے درجے پر فائز کیا۔اور اس جہان کی پاسبانی دی۔ان سب کے باوجود جب قادر مطلق اللہ سبحانہ وتعالی کی قدرت کو پہچاننے اور اس کی بڑائی بیان کرنے والا بندہ مسائل میں گھر جاتا ہے اور اپنے رب کے حضور مسائل کا حل طلب کرنے کے بجائے اپنے کمزور ایمان کے سبب یہ کسی دنیادار کے آگے ہاتھ پھیلاتا ہے تو وہی معصوم لڑکا اس کے ضمیر کو کچوکے لگاتا ہے اور کہتا ہے کہ "اختر الایمان تم ہی ہو"۔ یہ کہتے ہوئے شاعر اپنا اور ان تمام لوگوں کا احتساب کرتا ہے جو اللہ کی دی ہوئی نعمتوں کو استعمال تو کرتے ہیں اس کی بڑائی بیان کرتے ہیں لیکن مصیبت میں اس کے در کے بجائے در در کی ٹھوکریں کھاتے ہیں۔لیکن یہ اچھی بات ہے کہ شاعر کا ضمیر زندہ ہے اور وہ اپنے ہمزاد کے کہنے پر چونک پڑتا ہے۔

نظم آگے بڑھتی ہے تیسرا بند ملاحظہ ہو

معیشت دوسروں کے ہاتھ میں ہے میرے قبضہ میں
جز اک ذہن رسا کچھ بھی نہیں پھر بھی مگر مجھ کو
خروش عمر کے اتمام تک اک بار اٹھانا ہے
عناصر منتشر ہو جانے نبضیں ڈوب جانے تک

نوائے صبح ہو یا نالہء شب کچھ بھی گانا ہے
ظفر مندوں کے آگے رزق کی تحصیل کے خاطر
کبھی اپنا ہی نغمہ ان کا کہہ کر مسکرانا ہے
وہ خامہ سوزی شب بیداریوں کا جو نتیجہ ہو
اسے اک کھوٹے سکے کی طرح سب کو دکھانا ہے
کبھی جب سوچتا ہوں اپنے بارے میں تو کہتا ہوں
کہ تو اک آبلہ ہے جس کو آخر پھوٹ جانا ہے
غرض گرداں ہوں بادِ صبح گاہی کی طرح لیکن
سحر کی آرزو میں شب کا دامن تھامتا ہوں جب
یہ لڑکا پوچھتا اخترالایمان تم ہی ہو

نظم کا تیسرا بند ایک لحاظ سے دوسرے بند کی معنوی توسیع ہے۔ شکایت، غم و غصے، استعجاب، بے چارگی و بے بسی اور طنز کا وہ عنصر جو دوسرے بند میں مدھم مدھم تھا تیسرے بند میں تیز تر ہو جاتا ہے۔ وہ اس لئے کہ اب شاعر کا مذکور ذات باری نہیں بلکہ وقت معاشرہ اور اس کی تازہ ترین صورتحال ہے۔ جس کے مطابق آج کا انسان قدم قدم پر حالات سے سمجھوتہ کرنے کے لئے مجبور ہے۔ ظفر مندوں کے آگے رزق کی تحصیل کی خاطر۔ کبھی اپنا ہی نغمہ ان کا کہہ کر مسکرانا ہے۔ کہتے ہوئے شاعر اپنے بے بسی کا اظہار کرتا ہے۔ نظم کے اس بند میں اخترالایمان نے بڑی چابکدستی سے ایک تخلیقی ذہن کے کرب اور سماجی تقاضوں کو پیش کیا ہے۔ انسان عزت سے روٹی کمانا چاہتا ہے لیکن اس دنیا میں کبھی اسے اپنے اصولوں سے سمجھوتہ کرنا پڑتا ہے اور اپنے ضمیر اور اپنے مزاج کے خلاف کسی کی خوشامد کرنا پڑتا ہے۔ شاعر اپنے آپ کو کھوٹا سکہ اور آبلہ پا کہتا ہے اور مایوسی میں اس امید کہ اظہار کرتا ہے کہ وہ سحر کی آرزو یعنی خوشیوں کے انتظار میں شب کا دامن یعنی مسائل سے سمجھوتہ کر رہا ہے۔ اسی موڑ پر اس کا ہمزاد لڑکا جو باشعور ہے اور برابر اپنے باشعور وجود

پر نظر رکھا ہوا ہے اس سے سوال کرتا ہے کہ اختر الایمان تم ہی ہو۔

مفاہمت اور بے بسی کی وجہ سے چوتھے اور آخری بند کا لب ولہجہ بے حد سخت ہو جاتا ہے۔

یہ لڑکا پوچھتا ہے جب تو میں جھلا کے کہتا ہوں
وہ آشفتہ مزاج اندوہ پرور اضطراب آسا
جسے تم پوچھتے رہتے ہو کب کا مرچکا ظالم
اسے خود اپنے ہاتھوں سے کفن دے کر فریبوں کا
اسی کی آرزوؤں کی لحد میں پھینک آیا ہوں
میں اس لڑکے سے کہتا ہوں وہ شعلہ مر چکا جس نے
کبھی چاہا تھا اک خاشاک عالم پھونک ڈالے گا
یہ لڑکا مسکراتا ہے یہ آہستہ سے کہتا ہے
یہ کذب و افترا ہے جھوٹ ہے۔۔ دیکھو میں زندہ ہوں

شاعر کہتا ہے کہ تم جس کے بارے میں پوچھتے رہتے ہو وہ کب کا مر چکا ہے اور میں نے اسے خود اپنے ہاتھوں سے فریب کا کفن دے کر آرزوؤں کی لحد میں پھینک آیا ہو۔ شاعر اعلان کر دیتا ہے کہ جسے ڈھونڈا جا رہا ہے وہ اب نہیں رہا۔ شاعر اپنے ہمزاد لڑکے سے پیچھا چھڑانا چاہتا ہے لیکن اس کا ہمزاد اس کا پیچھا نہیں چھوڑتا۔ وہ شاعر کے اعتراف پر مسکراتا ہے اور اسے غلط اور جھوٹا قرار دیتا ہے۔ اب نظم ایک حسین انجام کی طرف پہونچتی ہے ۔ جب لڑکا اور شاعر ایک ہو جاتے ہیں اور لڑکا یہ اعلان کرتا ہے کہ دیکھو میں زندہ ہوں ۔ اس طرح نظم ایک خوش کن ماحول اور مثبت نتیجے کے ساتھ اپنے اختتام کو پہونچتی ہے اختر الایمان اپنی نظم ''ایک لڑکا'' میں اس حقیقیت کا اظہار کرتے ہیں کہ زندگی چاہے کس قدر مسائل سے دوچار ہو اور انسان کس قدر مصلحت پسند اور دنیادار ہو جائے وہ فطرت کا حصہ ہے اور اسے فطرت کے ساتھ سمجھوتہ کرتے رہنا ہے۔

اس نظم میں اختر الایمان کے اسلوب اور انداز بیان کو دیکھیں تو پتہ چلتا ہے کہ

انہوں نے نظم میں الفاظ کا دریا بہایا ہے اور رواں انداز میں خیالات کو تسلسل کے ساتھ اس طرح پیش کیا ہے کہ قاری ابتدا سے آخر تک شاعر کے ساتھ اپنا تعلق بنائے رکھتا ہے۔ وہ اپنے مافی الضمیر کو بڑی خوبصورتی سے لفظوں کا جامہ پہناتے ہیں۔ اس نظم میں ان کا اپنا ایک مخصوص لہجہ ہے اور نظم نگاری کا ایک خاص انداز بھی جو تمام اردو شعراء سے انہیں ممتاز بناتا ہے۔ ان کی نظموں میں بیانیہ کی کیفیت اور ابتدائی مصرعوں کو بیچ بیچ میں دوہرا کر ان سے ڈرامائی تاثر پیدا کرنے کی کوشش بھی، ان کا اپنا ایک خاص انداز ہے۔ ان کی نظم نگاری کی ایک خاص بات یہ بھی ہے کہ وہ ماضی اور حال کے درمیان ہی رہ کر اپنے موضوعات کا انتخاب کرتے ہیں۔ موضوع کی ندرت اور انداز بیان کی روانی کے سبب ان کی نظم ''ایک لڑکا'' ابتدا سے آخر تک دلچسپی قائم رکھتی ہے اور اردو کی اچھی نظموں کے قارئین کے جمالیات کی تسکین کرتی ہے۔

ترانہ دکن
سکندر علی وجد

سکندر علی وجدؔ(1983-1914) دکن سے تعلق رکھنے والے اردو کے مشہور شاعر گزرے ہیں۔22 جنوری 1914ء کو ضلع اورنگ آباد(حیدرآباد دکن) میں پیدا ہوئے۔ ابتدائی تعلیم اورنگ آباد میں ہوئی اور وہیں شاعری کا آغاز کیا۔1935ء میں عثمانیہ یونیورسٹی سے بی اے کا امتحان کامیاب کیا۔1939ء میں سیول سرویس کے امتحان میں کامیابی حاصل کی اور عدالتی محکمہ میں تربیت حاصل کرنے کے بعد سیشن جج کے منصب پر فائز رہے۔

وجدؔ نے غزلیں بھی کہیں اور نظمیں بھی۔غزل میں ان کے موضوعات حسن وعشق اور وارداتِ قلبی ہے۔لیکن بنیادی طور پر وجدؔ نظم کے شاعر ہیں۔اپنے عہد کے سیاسی حالات اور سماجی وطبقاتی کشمکش کو انہوں نے بڑی خوبصورتی سے پیش کیا ہے۔ان کی شاعری کا منظر کافی وسیع ہے۔انہوں نے انسانی عظمت۔ ہندوستان کی تاریخ۔سیاست اورفنون لطیفہ کو اپنی نظموں میں کامیابی کے ساتھ پیش کیا۔انہوں نے زندگی کے مشاہدات اور ذاتی تجربات کو بھی اپنی شاعری کا حصہ بنایا۔وہ فن شعر کے اصولوں کی پابندی کرتے ہیں۔سادگی روانی ان کے کلام کی اہم خصوصیات ہیں۔ان کی نظموں کا انداز بیان بہت ہی دلکش ہوتا ہے۔رقاصہ۔نیلی ناگن۔آثار سحر۔خانہ بدوش۔معطر لمحے۔تاج محل اور جامعہ عثمانیہ ان کی مشہور نظمیں ہیں۔لہو ترنگ۔آفتاب تازہ۔اوراق مصور اور بیاض مریم ان کے کلام کے مجموعے ہیں۔وہ قومی یکجہتی اور ہندوستانی تہذیب کے علمبردار رہے۔16 مئی 1983 کو ان کا انتقال ہوا۔

قدرت نے جس کو علم و فضل و ہنر دیا تھا
جوشِ عمل دیا تھا ذوقِ نظر دیا تھا
حیران تھا زمانہ وہ کر و فر دیا تھا
فطرت نے جس کی شب کو نورِ سحر دیا تھا
یہ ہے دکن ہمارا پیارا وطن ہمارا

ہندو پجاریوں نے جس کو گلے لگایا
رعنائیوں نے جس کی بدھ مت کا دل لبھایا
حصے میں جس کے گنجِ بندہ نوازؒ آیا
اردو زبان کو جس نے جینے کا گر سکھایا
یہ ہے دکن ہمارا پیارا وطن ہمارا

ہر سمت گونجتا ہے اخلاص کا ترانہ
تقسیم ہو رہا ہے کیفِ مئے شبانہ
ہندوستان میں جس کا اونچا ہے آستانہ
حیرت سے تک رہا ہے جس دیس کو زمانہ
یہ ہے دکن ہمارا پیارا وطن ہمارا

قندیلِ جستجو پھر سینوں میں جل رہی ہے
رسمِ کہن کی بیڑی آخر پگھل رہی ہے
انسانیت مقدس سانچے میں ڈھل رہی ہے

اک مرد قوم جس کی گودی میں پل رہی ہے
یہ ہے دکن ہمارا پیارا وطن ہمارا

اسلاف کی امانت اخلاص کی نشانی
گنجینہ اخوت دریائے شادمانی
صدق وفا کا مسکن الفت کی راجدھانی
جس میں دلوں پہ آصفؔ کرتے ہیں حکمرانی
یہ ہے دکن ہمارا پیارا وطن ہمارا

نظم کی تفہیم

سکندر علی وجدؔ (1914-1983) جامعہ عثمانیہ کے نامور سپوت اور دکن کے نامور اردو شاعر گزرے ہیں۔ انہوں نے اپنی نظموں کے ذریعے قومی یکجہتی اور وطن سے محبت کے جذبے کو پروان چڑھایا ہے۔ ان کی ایک مشہور نظم ''ترانہ دکن'' ہے۔ جس کی تفہیم پیش ہے۔

سکندر علی وجدؔ نے نظم ''ترانہ دکن'' میں جنوبی ہندوستان کے مشہور علاقہ دکن کی تعریف کی ہے۔ اور ترانہ کے انداز میں اس علاقے کی عظمت کو اجاگر کیا ہے۔ وجدؔ ترانے کے پہلے بند میں کہتے ہیں کہ قدرت نے دکن کے علاقے کو علم وفضل اور ہنر دیا تھا۔ دکن کا علاقہ زمانہ قدیم سے صوفیائے کرام' شعرا' ادیبوں اور علماء کا مسکن رہا ہے۔ یہاں جامعہ عثمانیہ جیسی عظیم مادر علمیہ قائم ہوئی۔ جس نے ساری دنیا میں دانشوروں کو پہونچایا۔ وجدؔ کہتے ہیں کہ دکن کے لوگوں میں خدا نے عمل کی قوت اور نظر کا ذوق تھا۔ یہ عمل کی قوت تھی کہ قطب شاہی دور میں حیدرآباد شہر بسایا گیا۔ چارمینار اور مکہ مسجد کی تعمیر ہوئی اور نظام دور حکومت میں جامعہ عثمانیہ۔ عثمانیہ دواخانہ۔ سالار جنگ میوزیم۔ ہائی کورٹ۔ حسین ساگر اور عثمان ساگر جیسی عظیم یادگاریں بنائی گئیں۔ دکن کے بادشاہوں نے اپنی نظر کے ذوق سے شمالی ہند سے عظیم شخصیات

کو مدعو کیا جنہوں نے شعر و ادب اور علم و ہنر میں یہاں خوب نام کمایا۔ وجدؔ کہتے ہیں کہ یہاں کے بادشاہوں کی شان و شوکت سے دنیا حیران تھی۔ وجدؔ کہتے ہیں کہ دکن وہ سرسبز و شاداب علاقہ ہے جہاں رات میں بھی دن کا سماں رہتا ہے۔ صنعتی ترقی نے یہاں رات کو روشنی سے منور کر دیا تھا۔ اتنی خوبیوں والے علاقے کو شاعر ہمارا پیارا وطن دکن کہتے ہیں۔ دکن کی تعریف کرتے ہوئے شاعر ہر زمانے میں لوگوں کو اپنے وطن سے پیار کرنے اور وطن کی عظمت کو یاد رکھنے کی تلقین کرتے ہیں۔

نظم "ترانہ دکن" کے دوسرے بند میں وجدؔ حیدرآباد دکن کی مزید تعریف کرتے ہوئے کہتے ہیں کہ یہاں کے سلاطین اور عوام نے ہندو پجاریوں کو اپنے گلے لگایا۔ دکن میں مسلمانوں کے ساتھ ساتھ ہندوؤں اور دیگر مذاہب کے ماننے والوں کو بھی آگے بڑھنے اور زندگی گزارنے کے مواقع دستیاب تھے۔ چنانچہ وجدؔ کہتے ہیں کہ یہاں کی دلکشی نے بدھ مت کے ماننے والوں کو بھی یہاں بسنے کی طرف راغب کیا۔ دکن کا علاقہ ہمیشہ صوفیائے کرام اور بزرگان دین کا گہوارہ رہا۔ دکن کے علاقے کی خوش نصیبی ہے کہ یہاں گلبرگہ کی سرزمین پر حضرت خواجہ بندہ نواز گیسو درازؒ نے اپنے علم و فضل کو عام کیا۔ اور آج بھی ان کے روضے پر لاکھوں بندگان خدا دعاؤں اور مرادوں کے ساتھ حاضر ہوتے ہیں۔ وجدؔ دکن کی مزید تعریف کرتے ہوئے کہتے ہیں کہ اس علاقے میں اردو زبان نے پرورش پائی۔ اور دکن کے شعر و ادب میں اردو ادب میں داستان۔ مثنوی اور غزل جیسی اصناف کو ترقی دی۔ ان سب باتوں پر فخر کرتے ہوئے شاعر وجدؔ کہتے ہیں کہ اتنی خوبیوں والا علاقہ میرا وطن دکن کا علاقہ ہے۔

نظم "ترانہ دکن" کے تیسرے بند میں شاعر وجدؔ اپنے وطن کی مزید تعریف کرتے ہوئے کہتے ہیں کہ دکن وہ علاقہ ہیں جہاں کے لوگوں میں خلوص و محبت، بھائی چارہ اور آپسی اتحاد مثالی ہے۔ یہاں کے لوگ ایک دوسرے کے تہواروں میں جوش و خروش سے حصہ لیتے ہیں۔ عید رمضان ہو کہ ہولی، دیوالی اور دسہرہ سب مل کر خوشی سے مناتے ہیں۔ یہاں کے راجاؤں نے

لوگوں میں آپسی بھائی چارے کے سبق کو عام کیا ہے۔اور یہاں کی قومی یکجہتی نہ صرف ہندوستان بلکہ ساری دنیا میں مشہور ہے اور آج بھی دکن کے لوگ دنیا کے جس علاقے میں رہتے ہیں وہ حیدرآبادی امن اور بھائی چارے سے جانے پہچانے جاتے ہیں۔اس طرح شاعر دکن کو امن و آشتی کا گہوارا قرار دیتے ہوئے کہتا ہے کہ اتنی خوبیوں والا دکن کا علاقہ ہمارا وطن ہے۔

نظم ''ترانہ دکن'' کے چوتھے بند میں شاعر وجدؔ کہتے ہیں کہ یہاں کے لوگوں میں آگے بڑھنے اور ترقی کرنے جذبہ ہے۔لوگ پرانے رسم ورواج کو ترک کرتے ہوئے تعلیم کے زیور سے آراستہ ہورہے ہیں۔جامعہ عثمانیہ کے فرزندان اس کی مثال ہیں جنھوں نے اپنے علم وفضل سے ساری دنیا میں علم کی روشنی کو عام کیا۔شاعر کہتے ہیں کہ یہاں انسانیت کا سبق پڑھایا گیا اور یہاں پلنے والے لوگ بہادر اور جان باز ہیں۔اس طرح وجد نے اپنے وطن دکن کی تعریف کی ہے۔

نظم ''ترانہ دکن'' کے آخری بند میں شاعر وجدؔ کہتے ہیں کہ یہاں کے اسلاف نے اخلاص اور بھائی چارے کی جو امانت لوگوں کو سونپی ہے بعد میں آنے والی نسلوں نے اس خزانہ کی قدردانی کی ہے اور آج بھی دکن کے علاقے میں اخلاص و بھائی چارہ عام ہے۔یہاں کے لوگ سچائی، محبت اور امن سے رہتے ہیں یہ پیارا دکن ہمارا وطن ہے۔یہی وہ دکن کا علاقہ ہے جسے ہم آج تلنگانہ کہتے ہیں۔اس تلنگانہ میں ایک مرتبہ پھر نئے حکمرانوں کے ذریعے ماضی کی اچھی قدروں کو پروان چڑھایا جارہا ہے اور ایک مرتبہ پھر دکن کا علاقہ اپنے ماضی کی عظمتوں کا اعادہ کررہا ہے۔اور دنیا کے سامنے ایک مثالی ریاست بن کر ابھر رہا ہے۔

مرکزی خیال: نظم ''ترانہ دکن'' میں فرزند دکن نامور شاعر سکندر علی وجدؔ نے دکن کے علاقے کی عظمتوں کو اجاگر کیا ہے۔یہاں کے قدرتی خزانوں، یہاں کے عظیم انسانوں، یہاں کی گنگا جمنی تہذیب، خلوص و بھائی چارہ اور یہاں کے حکمرانوں کی رواداری کا ذکر کرتے ہوئے شاعر نے اس عظیم وطن دکن کو دنیا کا عظیم علاقہ قرار دیا ہے اور یہاں رہنے والے لوگوں کو سبق دیا ہے کہ دکن کے ماضی کی عظمتوں کو یاد رکھیں اور اس کے مطابق اپنی زندگی گزاریں۔

اب کے برس　　شاذ تمکنت

شاذؔ تمکنت (1984-1933) حیدرآباد دکن سے تعلق رکھنے والے اردو کے نامور شاعر گزرے ہیں۔ابتدائی تعلیم حیدرآباد میں ہوئی۔ انہوں نے جامعہ عثمانیہ سے ''مخدوم محی الدین کی حیات اور ادبی کارناموں'' پر مقالہ لکھ کر 1983ء میں پی ایچ ڈی کی ڈگری حاصل کی۔وہ ایک بلند پایہ شاعر تھے۔ 1949ء میں پہلی نظم والدہ کی یاد میں کہی۔اس کے بعد حیدرآباد اور ہندوستان کے کئی رسالوں میں ان کا کلام باقاعدگی سے شائع ہونے لگا۔ان کے کلام کے مجموعے ''تراشیدہ'' اور ''نیم خواب'' قابل ذکر ہیں۔شاذؔ ان شاعروں میں سے ہیں جو نظم وغزل دونوں پر یکساں قدرت رکھتے تھے۔ان کے کلام میں انداز بیان کی تراش خراش ملتی ہے۔وہ اپنے کلام کو ہر ممکن طریقے سے خوب صورت اور متناسب بناتے ہیں اور الفاظ کو نکھارتے اور سنوارتے ہیں۔وہ سرزمین دکن کے مایہ ناز شاعروں میں جانے جاتے ہیں۔

کوئی دستک کوئی آواز کوئی نغمہ نو
درِ گل باز کر' اے بادِ صبا اب کے برس
چاند کو گھول دے پیمانہ شب میں اب کے
رنگ میں ڈوب دے پیمانہ شب میں اب کے برس
شمع کا نور ہو پگھلے ہوئے کندن کی طرح
خاکِ پروانہ کو اکسیر بنا اب کے برس
ہر مہینہ پہ ہو پھولوں کے مہینے کا گماں

ہر دن آتی رہے ساون کی گھٹا اب کے برس
سرو و شمشاد و صنوبر کو ملے لطف خرام
شبنم خفتہ کو دے اذنِ بقا اب کے برس
جانبِ دل سے چلے ذکر رہ و رسمِ جنوں
سمتِ خوباں سے بندھے عہدِ وفا اب کے برس
نیم رس رہنے نہ پائے مرے صہبا ساقی
تلخیٔ کام و دہن اور سوا اب کے برس
من کے گوکل میں کوئی ناز کا گھنگھرو بولے
تن کے مدھوبن میں کوئی لو کا لگا اب کے برس
کھول دے بابِ اثر رول دے کچھ لعل و گہر
ابر کی طرح اٹھے دستِ دعا اب کے برس

نظم کی تفہیم

شاؔذ تمکنت (1933-1984) حیدرآباد دکن سے تعلق رکھنے والے اردو کے نامور شاعر گزرے ہیں۔انہوں نے نظم ’’اب کے برس‘‘ میں انسانی زندگی میں آنے والے نئے سال سے بہتر امیدیں رکھی ہیں۔ نظم کے دوران شاذ کہتے ہیں کہ اے بادِ صبا نیا سال آنے والا ہے۔ اس نئے سال کی آمد کی کوئی خوش خبری ہی سنا۔کوئی دستک دے۔ کچھ نغمہ سنا کہ آنے والا سال کیسا ہے۔شاعر گزرے سال سے مایوس ہے اور امید کرتا ہے کہ آنے والا نیا سال اس کے لیے اور سب کے لیے خوشیاں لائے۔ نئے سال میں خوشیاں اور روشنی کی امید کرتے ہوئے شاؔذ کہتے ہیں کہ چاند کی روشنی کو رات کی سیاہی میں اور سورج کی روشنی کو دن کی روشنی میں گھول دے۔ شمع کی روشنی ایسی ہو جائے جیسے پگھلا ہوا سونا ہو اور آنے والے برس زندگی میں ہر طرف رنگ و نور اور روشنی چھا جائے۔ پروانوں کی خاک لوگوں کے لیے اکسیر ہو جائے۔ شاعر امید کرتا ہے کہ

آنے والے برس ہر مہینے بہار کی طرح اور پھولوں کی طرح ماحول خوشگوار بن جائے۔ ہر دن ساون کی گھٹا چھا جائے اور لوگوں کے لیے خوشی کا سامان فراہم ہو۔ شاعر آنے والے برس سے پر امید ہے اس لیے وہ خواب وخیال میں منظر نگاری کرتے ہوئے کہتا ہے کہ جب چاروں طرف ہوائیں چلنے لگیں گی تو سرو و شمشاد کے درخت خوشی سے جھومنے لگیں گے۔ نازک شبنم کو بھی طویل عمر ملے گی۔ لوگ آپس میں پیار و محبت سے رہنے لگیں۔ ایک دوسرے سے مل کر رہنے کا عہد کریں۔ آنے والے برس لوگ کسی طرح بھوکے پیاسے نہ رہیں انہیں ہر طرح کی خوشیاں میسر ہوں۔ اور وہ ایک بدمست شرابی کی طرح چین وسکون میں رہیں۔ شاعر چاہتا ہے کہ اس کے دل میں خوشی کے نغمے بجیں۔ اس کے جسم میں خوشی انگڑائیاں لینے لگے۔ اس لیے شاعر اپنے خالق خدا کے حضور دعا گو ہے کہ اے دو جہاں کے مالک ہماری زندگیوں میں دولت کے ہیرے موتی بھر دے اور ہماری زندگیوں میں آنے والے برس خوشیاں دے دے۔ ہمارے دعا کو اثر دار بنا اور ہمیں خوشیاں نصیب فرما۔ اس طرح شاعر جذباتی انداز میں آنے والے برس سے بہتر امیدوں کا اظہار کرتا ہے۔

مرکزی خیال: شاعر شاذؔ تمکنت اپنی نظم ''اب کے برس'' میں آنے والے برس سے خوشیوں کی امید کرتے ہیں کہ آنے والا برس لوگوں کی تمناؤں اور آرزؤں کو پورا کرے سب کی زندگی میں مسرت اور شادمانی لائے۔ اور زندگی میں جو غم اور مایوسی چھائے ہوئے تھے وہ سب دور ہو جائیں۔

تبوک آواز دے رہا ہے عادل منصوری

عادل منصوری پیدائش 1937ء جدید اُردو شاعروں میں نمایاں مقام رکھتے ہیں۔ انہوں نے کئی مقبول آزاد نظمیں بھی لکھی ہیں۔ اُن کی ایک آزاد نظم تبوک آواز دے رہا ہے، ہے۔ اس نظم میں عادل منصوری نے تاریخ اسلام کی مشہور جنگ ''جنگ تبوک'' میں پیش آئے واقعات کو مرکزی خیال بنا کر یہ بات واضح کی کہ جب کبھی کسی مقصد کیلئے اجتماعی جدوجہد کی جاتی ہے تو فرد کی ذمہ داری ہے کہ وہ لوگوں کا ساتھ دے۔ منافقت چھوڑ دے اور اپنی ذاتی آرامی کو قربان کر دے تب ہی بڑا مقصد حاصل ہوتا ہے۔ عادل منصوری کی نظم اس طرح ہے۔

تبوک آواز دے رہا ہے
زمیں سے اب جو چپک رہے گا
منافقوں میں شمار ہوگا
لہو کے سورج کی لال آنکھیں
اداس لمحوں کو سونگھتی ہیں
کھجور پکنے کا وقت بھی ہے
سواریاں اور سفر کا سامان ساتھ لے لو
خدا بڑا ہے

بہت بڑا ہے
خدا بڑا ہے
تمہارے اونٹوں کی گردنوں سے
تمام دنیا میں نور پھیلے
تمہارے گھوڑوں کی ہنہناہٹ
تمہاری منزل کی راہ کھولے
بلندیوں کی طرف بلاتا ہے آج کوئی
یہ دھوپ سائے کے ساتھ ہوگی
ہوا میں ہنستا نشان دیکھو
وہ اڑتے پرچم کی شان دیکھو
ابھی ابھی قافلہ گیا ہے
تبوک آواز دے رہا ہے
میں اپنے گھوڑے کی باگ موڑوں
میں اپنے گھر کی طرف نہ جاؤں

نظم کی تفہیم:

یہ نظم جنگ تبوک کی طرف اشارہ کرتی ہے۔ پیغمبر اسلام حضرت محمد مصطفیٰ صلی اللہ علیہ وسلم کے دورِ مبارک میں سب سے بڑی جنگ جس کا اہتمام مسلمانوں نے کیا تھا، وہ جنگ تبوک ہے۔ یہ جنگ 9 ہجری میں لڑی گئی تھی۔ اصل میں جنگ تو نہیں ہوئی لیکن مسلمانوں کی عظیم شان وشوکت کو دیکھ کر حملہ کی نیت سے مدینہ کی طرف آنے والا روم کا بادشاہ پیچھے ہٹ گیا۔ اس جنگ کے بعض واقعات تاریخ اسلام میں اہم ہے۔ یہ جنگ

شدید گرما میں ہوئی۔ اسلامی فوج کو سخت دھوپ اور پانی کی کمی کے باوجود بہت دور تک جانا پڑا۔ اور یہ وقت تھا جب مدینہ میں کھجور پکنے کا وقت تھا۔ مسلمانوں کی تجارت کا دارومدار کھجور کی خرید وفروخت پر تھا۔ شدید گرمی اور سال میں ایک مرتبہ ہونے والی تجارت کو چھوڑ کر ہزاروں صحابہ نے حضور صلی اللہ علیہ وسلم کے حکم پر جنگ کے لیے تیار ہوئے لیکن مسلمانوں میں حضرت کعب ابن ہجر، مزید دوصحابہ اور مدینہ کے منافق اس جنگ میں شریک نہیں ہوئے اور منافقین لوگوں سے کہتے پھرتے تھے کہ گرمی میں گھر سے مت نکلو۔ تین صحابہ اپنے پاس موجود زیادہ مال و دولت کے نشہ میں تھے۔ وہ چاہتے تھے کہ اپنی تیز رفتار سواریوں سے کچھ دن بعد نکل کر اسلامی فوج سے جاملیں گے۔ لیکن دن گزرتے گئے۔ اور وہ جنگ میں شریک نہیں ہوسکے۔ اسی جنگ تبوک کیلئے جب اللہ کے رسول ﷺ نے صحابہ سے سامان جمع کرنے کی خواہش کی تو حضرت ابوبکر رضی اللہ عنہ نے اپنے گھر کا سارا سامان، حضرت عمر رضی اللہ عنہ نے آدھا سامان اور حضرت عثمان رضی اللہ عنہ نے ایک تہائی فوج کا سامان جمع کروایا۔ جنگ کے دوران اللہ کے رسول صلی اللہ علیہ وسلم نے غیر حاضر اِن تینوں صحابہ کو یاد فرمایا۔ جنگ سے واپسی پر ان صحابہ نے ندامت کا اظہار کیا۔ سارے مدینہ میں لوگ ان سے دور ہوگئے تھے۔ اُنھوں نے سچے دل سے توبہ کی اور بالآخر اللہ نے ان کی معافی کا اعلان کیا۔ اس طرح جنگ تبوک حق کے لیے اپنے آرام اور مال و دولت کو دینے صحابہ کی عظیم قربانیوں اور منافقین کا آرام اور دولت کی خاطر جنگ میں شرکت سے پرہیز کیلئے مشہور ہے۔ اسی جنگ کے پس منظر میں عادل منصوری نے نظم تبوک آواز دے رہا ہے لکھی۔ عادل منصوری اپنی نظم میں جنگ تبوک کے واقعات استعارے کے طور پر استعمال کرتے ہوئے کہتے ہیں کہ حق کی لڑائی کے لیے آواز دی جائے۔ انسانی زندگی میں کئی مسائل اجتماعی بھی ہوتے ہیں۔ جس میں وطن کی حفاظت سب سے اہم مسئلہ ہے۔ اس کے علاوہ قوم پر آنے والی آسمانی وسلطانی بلائیں، آفات سماوی جیسے زلزلہ، سیلاب، متعدی

امراض، قحط، خشک وغیرہ نے لوگوں پر ذمہ داری عائد ہوتی ہے کہ وہ خوشحال دور سے باہر نکلیں۔ اپنی صحت، اپنی جان اور اپنے مال و دولت کو ضرورت پڑنے پر وطن کی حفاظت، سیلاب، زلزلے اور قحط وخشک سالی کے سبب پھیلی بڑی تباہی کے موقع پر استعمال کریں۔

کھجور پکنے کا وقت بھی ہے اہم استعارہ ہے۔ بعض مرتبہ حق کی لڑائی لڑنے کے لیے آگے بڑھنے میں انسان کا اپنا چین وسکون مال و دولت، بیوی بچے رکاوٹ بنتے ہیں اور اُسے گھر سے باہر نکل کر دوسروں کی خدمت کے لیے جانے سے روکتے ہیں۔ ایسے لوگوں کو خبر دار کرتے ہوئے شاعر کہتا ہے کہ مصیبت کے وقت لوگوں کی خدمت کے بجائے گھر میں بیٹھے رہنا ایسا ہے جیسے منافقوں کا انداز ہوتا ہے۔ جو مسلمان ہونے کا دکھاوا کرتے ہیں۔ لیکن ایمانی تقاضہ پر نہیں اُترتے۔ جب انسان حق کے لئے لڑنے اور کام کرنے باہر نکلتا ہے تو اسے مشکلات کا سامنا کرنا پڑتا ہے۔ اپنے کاروبار کا نقصان بھی ہوسکتا ہے اس کی راہ مشکل ہوسکتی ہے لیکن اس کے نکلنے سے جو عظیم اجتماعی مقصد پورا ہو وہ انفرادی نقصان سے بہت زیادہ ہے اور اُسے بہت زیادہ اجر وثواب ملے گا۔ اسی لئے انسان کو سماجی زندگی کو اجتماعی تقاضوں کی تکمیل کیلئے آگے بڑھ کر حصہ لینا چاہئے۔ تاریخ گواہ ہے کہ حضرت ابراہیم علیہ السلام نے اللہ کے حکم کی تابعداری کرتے ہوئے عظیم قربانیاں پیش کیں۔ اسی طرح آج بھی دنیا میں ایسی کئی مثالیں موجود ہیں جب آفات سماوی یا حادثات کے وقت لوگوں نے اپنے جان و مال کی پرواہ کے بغیر ضرورت مندوں کی مدد کی اور انسانیت کا ثبوت دیا۔ لیکن اچھے لوگوں میں کچھ منافقین بھی ہوتے ہین جو اپنے کاروبار اور اپنی راحت بھری زندگی سے چمٹے رہتے ہیں لیکن وقت کا سیلاب کبھی انہیں بھی بہا لے جاتا ہے۔ نظم تبوک بلا رہا ہے ہر اس موقع کے لیے ایک مثال ہے جب کہ انسان کو اجتماعی کام کے لیے اپنی انفرادی راحت قربان کرنے کے لیے بلایا جاتا ہے۔

شاعر درماندہ ن م راشد

ن م راشد کا اصلی نام نذر محمد راشد تھا۔ وہ 9 نومبر 1910ء کو آکال گڑھ ضلع گوجرانوالہ میں پیدا ہوئے۔ ابتدائی تعلیم آکال گڑھ اور اعلیٰ تعلیم گورنمنٹ کالج لاہور سے حاصل کی۔ انہوں نے پنجاب یونیورسٹی سے 1930ء میں بی اے آنرز اور 1932ء میں معاشیات سے ایم اے کیا۔ چوتھی جماعت سے ایم اے تک انگریزی زبان میں تعلیم حاصل کی۔ اردو اور فارسی سے محبت انہیں اپنے والد اور دادا سے وراثت میں ملی۔ غالب، اقبال، حافظ شیرازی اور سعدی سے راشد کا تعارف انکے والد فضل الٰہی چشتی کے ہی طفیل ہوا۔ گورنمنٹ کالج لاہور میں تعلیم کے دوران راشد مشہور ادبی رسالہ "راوی" کے اڈیٹر مقرّر رہوئے، بعد میں کچھ وقت کے لئے وہ تاجور نجیب آبادی کے رسالے ''شاہکار'' کی بھی ادارت کرتے رہے۔ کچھ عرصہ ملتان میں کمشنر آفس میں سرکاری ملازمت بھی کی اور اسی دوران راشد نے اپنی پہلی آزاد نظم "جراءت پرواز" لکھی جو کہ انکے پہلے مجموعے "ماوراء" میں شامل ہے۔ 1939 میں راشد آل انڈیا ریڈیو سے وابستہ ہوگئے اور کچھ عرصے بعد انہیں پروگرام ڈائریکٹر بنا دیا گیا۔ تقسیم کے بعد ریڈیو پاکستان میں وہ ریجنل ڈائریکٹر کے عہدے پر کام کرتے رہے۔ کچھ عرصہ انہیں پاکستان کی طرف سے اقوامِ متحدّہ کے صدر دفتر نیویارک میں بھی خدمات انجام دینے کا موقعہ ملا۔ وظیفہ پر سبکدوشی کے بعد انہوں نے انگلستان میں مستقل سکونت اختیار کر لی اور 9 اکتوبر، 1975 کو لندن میں ان کا انتقال ہوا۔

ن م راشد کے چار شعری مجموعے شائع ہو چکے ہیں۔

1- ماوراء
2- ایران میں اجنبی
3- لا=انسان
4- گماں کاممکن

اس کے علاوہ ان کی جدید فارسی شاعری کے تراجم بھی شائع ہوئے۔

ن م راشد کی شاعری کی خصوصیات: بیسویں صدی کی تیسری اور چوتھی دہائی میں اردو شاعری میں باغیانہ روش کے ذریعے جو شعرا مشہور ہوئے ان میں ن م راشد اور میراجی اہم ہیں۔ ترقی پسند تحریک جب اپنے عروج پرتھی، اسی زمانے (1939ء) میں حلقہ ارباب ذوق کا قیام عمل میں آیا۔ اس دور کی اردو نظم میں موضوعاتی تنوع پیدا ہو گیا۔ جیسے تنہائی، خوف، جنس، معاشرتی جبر، طبقاتی ناہمواری، بے سکونی، بے حسی، حساسیت، اخلاقی روایات اور قدروں کی شکست، ہیئتی تجربات، عشق کا مختلف تصور، فرد کی تنہائی اور جدید مکینکی دور میں انسان کی ناقدری کا نوحہ جیسے موضوعات زیر بحث آئے۔ اس دور میں مغربی نظموں کے تراجم بھی کافی ہوئے۔ اس دور کی نظم گوئی کی سب سے اہم خوبی یہ ہے کہ اس میں مقصدیت کو خیر باد کہہ دیا گیا۔ اب جنس اور مذہب جیسے حساس موضوعات پر بھی نظمیں کہی جا سکتی تھیں۔ اس دور کے شعرا نے آزاد نظم کو اظہار کا ذریعہ بنایا اور ہیئت، رنگ و آہنگ اور اسلوب ہر طرح سے شاعری میں نیا رنگ پیش کیا۔ جو اس وقت کے قارئین اور ناقدین کے لیے بالکل نیا انداز تھا۔ ان شعرا پر الزام عائد کیا گیا کہ ان کی شاعری میں ابہام ہے۔ ابہام میں ہوتا یہ ہے کہ کہی ہوئی بات کے معنی واضح نہیں ہوتے۔ بات کو چھپا کر پیش کیا جاتا ہے۔ شاعر کیا کہنا چاہتا ہے اس سے قاری کو الجھن ہوتی ہے۔ اس طرز کی شاعری میں آگے رہنے والے شعرا میں میراجی اور ن م راشد اہم ہیں۔

ن م راشد نے اردو نظم کے Diction سے بغاوت کر دی۔ یعنی راشد نے اردو شاعری کے مروجہ الفاظ سے بہت حد تک انحراف کیا۔ اور اپنے لیے نئے لفظوں کا انتخاب کیا۔ ان

کے تخلیقی ذہن نے اردو نظم کے مروجہ سانچوں کو قبول نہیں کیا اور انھیں توڑ پھوڑ کے رکھ دیا۔ ان کا طرزِ احساس، ان کی نظموں کی ہیئت اور تکنیک اردو قاری کے لیے ایک نئی اور انوکھی چیز تھی اور اس کا گرفت میں لینا آسان نہیں تھا۔ راشد چونکہ مغربی نظم نگاروں سے متاثر تھے' اس لیے ان کی نظموں میں افسانوی اور ڈرامائی انداز نظر آتے ہیں۔ فرنگی سامراج سے دشمنی، جنسیات اور اساطیری حوالے راشد کے خاص موضوع ہیں۔ راشد پر عریانی' فحاشی اور الحاد کو فروغ دینے کا الزام بھی عائد کیا گیا۔ اور حقیقت یہی تھی کہ راشد کی نظموں کو بہت عرصے تک قارئین اور ناقدین سمجھ نہیں سکے۔ کیوں کہ ان نظموں کا انداز علامتی تھا۔ اور ان کی شاعری کے علامتی انداز کو سمجھنے کے لیے ہمارے ناقدین کو کئی برس لگ گئے۔ علامت سے مراد شاعر اپنی نظم میں کسی لفظ یا خیال کو بہ طور علامت پیش کرتا ہے اور اس سے وسیع تر گہرے مفہوم کی طرف اشارہ کرتا ہے۔ ہمارے ہاں شاعری کو سمجھنے اور اس سے لطف اندوز ہونے کے طریقے عمومی اور سطحی ہیں۔ اور ایسے سخن فہم کم ملیں گے جو شعر کے تخلیقی عمل کی نزاکتوں سے واقف ہوں اور اپنی شعری روایات سے گہری وابستگی رکھتے ہوں۔ راشد کے شعری مجموعے ماورا سے لے کر لا انسان کی نظموں کو غور سے پڑھا جائے تو ان کی شاعری کا جو کردار تشکیل پاتا ہے وہ دانشوری کی وہ روایت ہے جو مشرق میں رومی سے لے کر اقبال تک پھیلے ہوئے ہیں۔ اس میں روایت سے بغاوت بھی ہے اور نئے تجربے بھی ہیں۔ ماورا کی نظموں کے کردار انفعالیت اور زوال پذیر معاشرے کا استعارہ ہیں۔ دراصل مشرق میں اس وقت اپنی ذات کو پہچاننے اور اپنی قدر کرانے کا فقدان تھا۔ اور اہل مشرق کا اصل مسئلہ یہ تھا کہ وہ اپنے آپ سے بے خبر حالات کا شکار ہو گئے تھے۔

ن م راشد نے مغرب کے شعرا بالخصوص انگلستان اور فرانس کے شعرا سے متاثر ہو کر نظم نگاری کے فن کو نئے طریقوں سے برتنے کی کوشش کی۔ انہوں نے نظم کہنے کے انداز میں نئے تجربے کئے۔ پابند نظم کے بجائے آزاد نظم کو فروغ دیا۔ جس میں مصرعے چھوٹے بڑے ہوں۔ ارکان کی تعداد گھٹتی بڑھتی رہے لیکن کوئی مصرعہ وزن سے باہر نہ ہو۔ راشد نے اپنے شاعر ہونے کا پتہ اپنے

زمانہ طالب علمی کے دور میں ہی دے دیا تھا، تب وہ ردیف اور قافیہ کے پابند تھے۔ بعد میں انہوں نے ردیف اور قافیہ سے بے نیاز ہو کر جو شاعری کی وہ انہی کا خاصہ بن کر رہ گئی۔ ان سے پہلے اور ان کے بعد ایسی آزاد شاعری کی اردو ادب میں مثال نہیں ملتی۔ اس ضمن میں ایک واقعہ جو کہ ان کے آل انڈیا ریڈیو کے زمانے کا ہے، قابل ذکر ہے۔ راشد نے اس وقت کے ایک بہت بڑے شاعر یاس یگانہ چنگیزی کو انٹرویو کے لیے بلایا تو کچھ دوست احباب شاعری پر گفتگو کر رہے تھے اور یاس یگانہ چنگیزی صاحب چونکہ آزاد نظم کے سخت خلاف تھے اس لیے آزاد نظم کی مخالفت میں کافی لے دے کر رہے تھے کہ یکا یک کسی نے ان سے کہا کہ راشد بھی آزاد نظم کہتے ہیں آپ ان سے ان کی نظم سنیں۔ راشد نے اپنی نظم سنائی تو یگانہ نے اٹھ کر انہیں گلے سے لگا لیا اور کہا کہ اگر یہ آزاد نظم ہے تو صرف تمہیں ہی آزاد نظم کہنے کا حق حاصل ہے۔ اس واقعے کی ایک خاص اہمیت ہے اور وہ یہ کہ راشد کی طرز کی آزاد نظم نہ تو کسی نے ان سے پہلے کہی اور نہ ہی بعد میں۔ یہ بات دعوے کے ساتھ کہی جاسکتی ہے کہ راشد کا ہر مصرع وزن میں ہے اور پورے کلام میں ایک بھی ایسا مصرع نہیں جو وزن سے خارج ہو۔ جبکہ آج کل کی آزاد نظم کو مادر پدر آزاد سمجھا جاتا ہے اور اس میں وزن کا کوئی خاص خیال نہیں رکھا جاتا۔

راشد کے ہاں فکری گہرائی کے ساتھ ساتھ اسلوب کی رعنائی بھی ہے۔ راشد کی شاعری میں بغاوت کی سب سے اہم اور مثبت سطح سیاسی بغاوت کی ہے۔ راشد کے عہد میں ایشیائی ممالک پر غیر ملکی طاقتوں کا قبضہ تھا اور راشد بھی دوسری غلام قوموں کے باشندوں کی طرح اس غلبے کو ناپسند کرتے تھے۔ چنانچہ اس غلبے کے خلاف احتجاج کا رنگ راشد کے عہد کے دوسرے شعرا کے ہاں بھی نظر آتا ہے مگر راشد نے اس بغاوت کو استعاروں کی مدد سے یوں پیش کیا کہ وہ آفاقیت کی حامل ہوگئی۔ راشد کے ہاں جو استعارے اور تلمیحات استعمال ھوئی ھیں وہ نامانوس اور غیر روائیتی ہیں اسی لیے اکثر، عام قاری کے لیے انکا کلام نافہم بھی ھو جاتا ہے۔ راشد کی شاعری اپنی ہم عصر فرانسیسی اور انگریزی شاعری سے متاثر ہے لیکن سب سے زیادہ انکی شاعری اپنی ہم عصر فارسی

شاعری سے متاثر ہے- ان کی تلمیحات اور استعارات کی جڑیں براہ راست انکی ہم عصر فارسی شاعری سے جڑی ہوئی نظر آتی ہیں- اس لیے انکی شاعری کو سمجھنے کے لیے انکی ہم عصر فارسی شاعری کا مطالعہ کرنا مدد گار ثابت ہوگا- دنیا میں ہر دور میں غیر ملکی قبضے کی صورت میں وہ نظمیں جاندار اور متحرک محسوس ہوتی ہیں۔ یہ رجحان ماورا کی چند آخری نظموں سے شروع ہوا اور راشد کے دوسرے مجموعے ایران میں اجنبی میں شدت اختیار کر گیا۔ ماورا کی نظموں میں خاص طور پر ''انتقام''، ''شاعرِ درماندہ''، ''شرابی''، ''بیکراں رات کے سناٹے میں'' اور ''زنجیر'' اس بغاوت کی مثالیں ہیں۔

نظم ''شاعرِ درماندہ''

زندگی تیرے لیے بسترِ سنجاب وسمور
اور میرے لیے افرنگ کی دریوزہ گری
عافیت کوشیِ آبا کے طفیل،
میں ہوں درماندہ و بے چارہ ادیب
خستۂ فکرِ معاش!
پارۂ نانِ جویں کے لیے محتاج ہیں ہم
میں، مرے دوست، مرے سینکڑوں اربابِ وطن
یعنی افرنگ کے گلزاروں کے پھول!
تجھے اک شاعرِ درماندہ کی امید نہ تھی
مجھ سے جس روز ستارہ ترا وابستہ ہوا
تُو سمجھتی تھی کہ اک روز مرا ذہنِ رسا
اور مرے علم و ہنر
بحر و بر سے تری زینت کو گہر لائیں گے!

میرے رستے میں جو حائل ہوں مرے تیرہ نصیب
کیوں دعائیں تری بے کار نہ جائیں
تیرے راتوں کے سجود اور نیاز
(اس کا باعث مرا الحاد بھی ہے!)
اے مری شمعِ شبستانِ وفا،
بھول جا میرے لیے
زندگی خواب کی آسودہ فراموشی ہے!
تجھے معلوم ہے مشرق کا خدا کوئی نہیں
اور اگر ہے، تو سراپردہ نسیان میں ہے
تُو "مسرت" ہے مری، تو مری "بیداری" ہے
مجھے آغوش میں لے
دو "انا" مل کے جہاں سوز بنیں
اور جس عہد کی ہے تجھ کو دعاؤں میں تلاش
آپ ہی آپ ہویدا ہو جائے!

نظم کی تفہیم

ن م راشد کا دورِ حیات ہندوستان کی جدوجہد آزادی کے عروج کا دور تھا۔ اور بیسویں صدی میں سیاست دانوں کے ساتھ شاعر اور ادیب بھی اپنے قلم کے ذریعے انگریزوں کے خلاف جدوجہد آزادی میں شریک تھے۔ اور سونے کی چڑیا سمجھے جانے والے ہندوستان کی شاندار عظمت رفتہ کو بحال کرنے کی ہر ہندوستانی کی خواہش تھی۔ راشد کی نظم ''شاعر درماندہ'' ان کی ذات اور برطانوی سامراج سے متعلق ہے۔ نظم میں دو مورچوں پر جنگ ہے۔ ایک تو

برطانوی سامراج کے خلاف دوسرے اپنی ذات کے خلاف۔ دوسری جنگ عظیم کے زمانے میں جب ملک میں آزادی کی جدوجہد جاری تھی تو راشد برطانوی فوج میں ملازم تھے اور انہوں نے ہندوستانی دستے کے ساتھ ایران کا سفر کیا تھا۔ راشد کے لیے یہ کشمکش ناقابل برداشت حد تک پہنچ جاتی ہے اور یہ احساس اسے بھلائے نہیں بھولتا کہ آزادی کی لگن کے باوجود وہ افرنگ کی تہذیب کی چھپکلی بن کر رہ گئے ہیں۔ یہی وجہ ہے کہ وہ نظم کے آغاز کے ساتھ ہی جو منظر بیان کرنا شروع کر دیتے ہیں وہ ان کے اور سارے ہندوستانیوں کے سامنے سوالیہ نشان بنا تھا۔ راشد کہتے ہیں:

زندگی تیرے لیے بسترِ سنجاب وسمور　　　　اور میرے لیے افرنگ کی دریوزہ گری

ان دو مصرعوں میں شاعر نے حاکم اور محکوم کے طرز زندگی کی تصویر پیش کر دی۔ راشد کہتے ہیں کہ ان کے محکومین ہندوستان کی دولت اور وسائل استعمال کر رہے ہیں۔ وہ خود تو جہازوں میں پھرتے ہیں سنجاب وسمور کی طرح قیمتی آرام دہ بستروں پر محلوں میں زندگی بسر کرتے ہیں لیکن ان کے محکوم عوام ہندوستانی بیسویں صدی کے دور غلامی میں انگریزوں سے بھیک مانگنے پر مجبور تھے۔ غلام قوموں میں کچھ حساس ذہن کے لوگ ہوتے ہیں جو غلامی کے درد و کرب کو محسوس کرتے ہیں اور اگر یہ حساس لوگ شاعر ہوں تو ان کا درد و کرب لفظوں میں ڈھل کر کانوں میں شیشہ گھولتا ہے۔ ن م راشد کے بارے میں کہا گیا کہ انہوں نے استعاروں کو بہ خوبی استعمال کیا ہے۔ یہاں سنجاب وسمور کے استعارے کو استعمال کرتے ہوئے انہوں نے ہندوستان کے اس شاندار ماضی کی طرف اشارہ کیا جب کہ ہندوستان پر چھ سات سو سال تک مسلمانوں نے حکمرانی کی تھی اور لوگوں کے دلوں کو جیت کر نہ صرف وہ خود محلوں میں رہے تھے بلکہ اپنی رعایا کے راحت وسکوں کا سامان کیا تھا لیکن وہ افرنگ کی اصطلاح استعمال کرتے ہوئے دو قوموں کا تضاد پیش کرتے ہیں۔ ایک ہندوستانی حکمران تھے جو رعایا پرور تھے دوسرے انگریز تھے جنہوں نے ہندوستان کے وسائل کو لوٹا اور یہاں کے لوگوں کو دو صدیوں تک غلامی کی زنجیروں میں جکڑے

رکھا۔اس طرح شاعر درماندہ کے آغاز میں شاعر اپنی غربت و افلاس کے بیان کے ساتھ اس وقت کے سارے غلام ہندوستانیوں کے دکھ درد کو بیان کرتا جاتا ہے۔

عزیز طلبا اب نظم اپنے طور پر آگے بڑھتی ہے۔غربت وافلاس کا مارا شاعر آگے اپنی اور اپنے اہل وطن کی کیفیت یوں بیان کرتا ہے۔

عافیت کوشیِ آبا کے طفیل،

میں ہوں درماندہ و بےچارہ ادیب

خستہءفکرِ معاش!

پارہءنانِ جویں کے لیے محتاج ہیں ہم

میں،مرے دوست،مرے سینکڑوں اربابِ وطن

یعنی افرنگ کے گلزاروں کے پھول!

شاعر نظم کے ان مصرعوں میں اشارہ کرتا ہے کہ اس کے آباء واجداد نے اپنے اقتدار کے آخری زمانے میں رقص وسرور کی محفلیں سجائی تھیں۔ان کا کام تھا اپنے زور بازو سے اقتدار کی حفاظت کرتے لیکن اپنی تلواروں کو زنگ آلود کرتے ہوئے وہ دولت کے نشے میں چور رقص و شباب کی محفلیں سجانے میں لگ گئے۔شائد یہ ان کی بےعملی اور تن آسانی تھی جس کے سبب ان کا اقتدار جاتا رہا اور یہی وجہ ہے کہ ہندستانیوں کو انگریزوں کی غلامی سہنا پڑی اور اب اس ملک میں شاعر اور ادیب ہی درماندہ مفلس اور غریب نہیں بلکہ سارے ہندوستانی مفلوک الحال ہو گئے ہیں۔ اور انہیں دو وقت کی روٹی کے حصول کے لیے در بدر کی ٹھوکریں کھانا پڑ رہا ہے۔ہمیں انگریزوں کی غلامی کو سہنا اور ان کی ملازمت کرنا پڑ رہا ہے۔ یہاں ن م راشد نے ایک مرتبہ پھر فکر معاش کہتے ہوئے ہندوستان کے اس شاندار ماضی کی یاد دلائی جب کہ جاگیردارانہ نظام رائج تھا۔اور جاگیردار اور ان کے زیرنگیں رعایا کو کسی قسم کی فکر معاش نہیں تھی۔لوگ خوشحال رہا کرتے تھے اور طرح طرح کے تہوار اور عید برات منا کر زندگی ہنسی خوشی گذارا کرتے تھے لیکن جب سے

برطانوی سامراج آیا جاگیردارانہ نظام کا خاتمہ ہوااور لوگوں کو ملازمت اور غلامی کرنا پڑااور رزق کی جو فراوانی ماضی میں ہوا کرتی تھی وہ بے برکتی میں بدل گئی اور جیسا کہ شاعر آگے کہتا ہے۔ پارہ ءنانِ جویں کے لیے محتاج ہیں ہم ۔یعنی دو وقت کی روٹی بھی ہمیں چین سے نصیب نہیں ہوتی۔ شاعر درماندہ اپنی کیفیت بیان کرتے ہوئے نظم میں آگے کہتا ہے کہ برطانوی سامراج میں دو وقت کی روٹی کے لیے نہ صرف وہ ہی محتاج نہیں بلکہ اس کے دوست احباب اور سارے ابنائے وطن کا یہی حال ہے۔۔ افرنگ کے گلزاروں کے پھول کہتے ہوئے ن م راشد نے انگریز سامراج کے اس رویے کی طرف اشارہ کیا جس کے تحت اس نے اپنی عقل وفہم اور صنعتی ترقی سے ہندوستانیوں کو استعمال تو کیا لیکن انہیں بھوک اور پیاس کے سوا کچھ نہ دیا۔ انگریز کے لیے ہندوستانی پھول تھے لیکن یہ وہ پھول تھے جو اندر سے مرجھا گئے تھے۔

نظم کے آغاز میں غلام ہندوستان کی تصویر پیش کرنے کے بعد شاعر اپنے خیالات کا سلسلہ یوں آگے بڑھاتے ہیں۔

تجھے اک شاعرِ درماندہ کی امید نہ تھی

مجھ سے جس روز ستارہ ترا وابستہ ہوا

تُو سمجھتی تھی کہ اک روز مرا ذہنِ رسا

اور مرے علم و ہنر

بحر و بر سے تری زینت کو گہر لائیں گے!

ن م راشد نے نظم کے حصے میں تجھے کہا ہے اور آگے تو سمجھتی تھی کہا ہے۔ شاعر کے اس انداز تخاطب سے اندازہ ہوتا ہے کہ یہ شاعر کی محبوبہ ہے جو اس کی بیوی ہے۔ یہ فطری بات ہے کہ عورت اپنے محبوب یا شوہر سے امید رکھتی ہے کہ وہ اس کے لیے خوشیوں کی سوغات لائے گا۔ اس مفہوم میں دیکھتے ہیں تو شاعر درماندہ جو برطانوی سامراج کا غلام ہے۔ اپنی غلامی کو محسوس کرنے کے باجود اس قدر مجبور ہے کہ وہ اپنے چاہنے والوں کی زندگی کی آرزوئیں پوری نہیں

کرسکتا۔ جب شاعر درماندہ سے ان کا رشتہ وابستہ ہوگیا اور دونوں مل کر رہنے لگے تو گھر والوں کو یہ امید ہوئی کہ شاعر درماندہ جس کی شہرت کے چاروں طرف چرچے ہیں۔ جس کے کلام کو لوگ زبان زد کر لیتے ہیں مشاعروں میں اس کی واہ واہ ہوتی ہے وہ اپنے ہنر سے کچھ ہیرے موتی کما کر لائے گا۔ اور اس کے قلم کے جادو سے ان کی زندگی میں خوشحالی آئے گی۔ شاعر درماندہ اپنے علم و ہنر سے ہیرے جواہرات کما کر لانے کی باتیں کرتے ہوئے اپنے اس شاندار ماضی کی طرف اشارہ کرتا ہے جب کہ شاہی دور میں دربار میں شعرا کی عزت ہوا کرتی تھی۔ اسے ملک الشعرا کا خطاب ملتا تھا۔ مال و منصب ملتا تھا۔ عزت و جاہ ملتی تھی۔ جاگیریں ملتی تھیں۔ اور وہ ایک قصیدہ یا نظم دربار میں سنا دے تو بادشاہ خوش ہو کر اس کی جھولی ہیرے موتیوں سے بھر دیتا ہے۔ اب وہ دور نہیں اور نہ ہی شعرا اور قلم کاروں کی وہ عزت و اکرام۔ اب قلم کی آبرو بھی نہیں رہی۔ اس لیے اس فرنگی دور میں شاعر کو احساس ہے کہ اب اس کے لفظوں کی کوئی قدر و قیمت نہیں۔ اس لیے اس سے رشتہ قائم کرنے والے عزیز و اقارب کو جان لینا چاہئے کہ وہ ایک شاعر درماندہ غربت کا مارا ہے۔ اس کا ذہن بہت دور کی سوچتا ہے لیکن اس کی فکر رسا کی اب کوئی قدر نہیں۔ آگے شاعر اپنی بدنصیبی کا بیان جاری رکھتے ہوئے کہتا ہے۔

میرے رستے میں جو حائل ہوں مرے تیرہ نصیب

کیوں دعائیں تری بے کار نہ جائیں

ہوسکتا ہے کہ یہ تقدیر کا معاملہ ہو یا اعمال کی سزا ہو کہ جس وقت خدا نے دولت اور عزت دی تھی ہم نے عیش کوشی میں وقت برباد کر دیا اور ہمیں اپنے اعمال بد کی سزا مل رہی ہو۔ اور ہمارے نصیب بد بخت ہو گئے ہوں۔ شاعر کہتا ہے

تیرے راتوں کے سجود اور نیاز

(اس کا باعث مرا الحاد بھی ہے!)

اے مری شمعِ شبستانِ وفا،

بھول جا میرے لیے
زندگی خواب کی آسودہ فراموشی ہے!
تجھے معلوم ہے مشرق کا خدا کوئی نہیں
اور اگر ہے، تو سرا پردہ نسیان میں ہے

شاعر کو احساس ہے کہ اس سے وابستہ اس کی بیوی اس کی محبوبہ اس کی شریک حیات اس کے بہتر مستقبل کے لئے راتوں میں اٹھ کر خدا کے حضور دعا گو رہتی ہے۔ یعنی جب مشکل وقت میں سب ساتھ چھوڑ جاتے ہیں تب شاعر کے اپنے ہی اس کی امید بڑھاتے ہیں۔ یہ شمع شبستان وفا شاعر کی امید بھی ہوسکتی ہے جو مشکل وقت میں اس کا ساتھ دیتی ہے۔ شاعر کہتا ہے کہ شائد یہ مرے الحاد کی سزا ہے کہ میں نے اپنے پالنے والے رب سے توجہ ہٹالی۔ اور غلامی دینے والے افرنگ سے امیدیں باندھ لیں۔ شاعر اپنے رفیق سے کہتا ہے کہ مشرق کا خدا کوئی نہیں۔ یہاں شاعر کا تضاد کھل کر سامنے آتا ہے کہ ایک طرف وہ سجود و نیاز پر بھی یقین رکھتا ہے اور دوسرے طرف یہ بھی کہتا ہے کہ مشرق کا خدا کوئی نہیں اور اگر ہے بھی تو وہ چپ ہے پوشیدہ ہے حالات کا نظارہ کر رہا ہے۔ یہ انسان کی فطرت ہوتی ہے کہ خوشی میں وہ خدا کو اپنے ساتھ محسوس کرتا ہے اور غم میں تنہا محسوس کرتا ہے کہ اس کی غربت دیکھنے والا خدا کیوں چپ ہے اور کیوں اس کی مدد کو سامنے نہیں آتا۔ مشرق کا خدا اپنے وسیع تر مفہوم کے ساتھ ہمیں اس عہد کے درد و غم کی داستان سناتا ہے۔ اسی لیے شاعر اپنی درماندگی سے مایوس ہونے کے باوجود اپنے لیے دعا کرنے والی سے کہتا ہے۔

تُو "مسرت" ہے مری، تو مری "بیداری" ہے
مجھے آغوش میں لے
دو "انا" مل کے جہاں سوز بنیں
اور جس عہد کی ہے تجھ کو دعاؤں میں تلاش
آپ ہی آپ ہویدا ہو جائے!

یہ باتیں کہتے ہوئے شاعر مسائل سے گھرے ان انسانوں کے جذبات کی عکاسی کرتا ہے کہ جب ہر طرف سے مایوسی ملتی ہے تو دل کے نہاں خانوں میں امید کا ایک چراغ جلتا ہے۔ شاعر کو امید ہے اسی لیے وہ کہتا ہے کہ تو مسرت ہے مری بیداری ہے۔ مسائل کے اندھیروں میں زندگی کی امنگ، حوصلہ ہے جسے شاعر تو سے خطاب کرتا ہے جو اس کے لیے مسرت اور بیداری لگتی ہے۔ بیداری کے مفہوم میں ہندوستان کی جدوجہد آزادی کی وہ ساری تحریک ہے جسے ہندوستانیوں نے سیاسی، سماجی، ادبی اور تہذیبی محاذ پر لڑی تھی۔ جس کے بدولت بیدار ہندوستانیوں کو برطانوی سامراج سے آزادی ملی تھی۔ اور جیسے اس وقت کے ہندوستانیوں کو احساس تھا کہ ان کی قربانیاں رائیگاں نہیں جائیں گی۔ اسی لیے شاعر اپنی امید کو کہتا ہے کہ اسے اپنی آغوش میں لے۔ آزادی کے حصول کے جذبے کی امید اور شاعر درماندہ جیسے لاکھوں مظلوم ہندوستانی جب جام انا پئیں گے تو ایسا سوز پیدا ہو گا جس کی گرمی سے لوہا بھی پگھل جائے گا۔ اور شاعر کی امید اس کی شبستان وفا جس روشن صبح آزادی کی منتظر تھی وہ ایک نہ ایک دن ضرور اپنی روشنی بکھیرے گی۔ ن م راشد نے یہ نظم اس دور میں کہی جب سارے ہندوستان میں حصول آزادی کے جذبے پروان چڑھ رہے تھے۔ اور آزادی ایک امید کی کرن بن کر انہیں برطانوی سامراج سے لڑنے کا حوصلہ دے رہی تھی۔ اس طرح ن م راشد نے اپنی نظم شاعر درماندہ میں ایک فرد کی داستان الم بیان کرتے ہوئے بیسویں صدی کے ابتدائی نصف کے سارے ہندوستان کی داستان الم بیان کر دی اور نظم کے آخر میں امید افزا اختتام کرتے ہوئے انہوں نے اپنے کردار کی مضبوطی کا ثبوت دیا۔

نظم میں شاعر کی لفظیات اہم ہیں۔ اور انہوں نے شاعر درماندہ، سنجاب و سمور، خستہ معاش، افرنگ، دریوزہ گری، نان جویں وغیرہ الفاظ اور اشارے استعمال کرتے ہوئے وسیع تر مفہوم کو بیان کیا ہے۔ نظم میں روانی ہے اور شاعر کے داخلی جذبات کی بھرپور عکاسی اس نظم سے ہوتی ہے۔ اس طرح ہم نے دیکھا کہ ن م راشد کی نظم شاعر درماندہ ان کی ایک شاہکار نظم کے طور پر ہمارے سامنے پیش ہوتی ہے۔

پریت کا گیت   حفیظؔ جالندھری

گیت:۔ گیت ایک غنائی نظم ہے۔ جو چند بندوں پر مشتمل ہوتی ہے۔ گیت کے ہر بند کے مصرعے ایک ہی وزن پر ہوتے ہیں۔ اور باہم ملے ہوئے ہوتے ہیں۔ ہر بند کے قافیوں کی ترتیب مختلف ہوسکتی ہے۔ گیت کا وہ مصرعہ جو ہر بند میں دہرایا جائے اُسے ٹیپ کا مصرعہ یا انترا کہتے ہیں یہ مصرعہ بند کے مصرعوں کے مساوی ہوسکتا ہے یا چھوٹا بڑا۔ گیت کے ہر بند کو مکھڑا کہتے ہیں۔ گیت گانے کے لیے لکھے جاتے ہیں اسی لئے طویل نہیں ہوتے ہیں۔ گیت ایک سُر اور ایک لے میں ہوتے ہیں۔ گیت میں ہندی لفظوں کو بھی استعمال کیا جاتا ہے زیادہ تر گیت عشقیہ ہوتے ہیں گیتوں میں غم کے جذبات بھی پیش ہوتے ہیں اردو میں حفیظ جالندھری، شکیل بدایونی، مجروح سلطان پوری، ساحرلدھیانوی وغیرہ مشہور گیت کار ہیں۔ اردو میں فلموں کیلئے بھی گیت لکھے گئے ہیں جو بہت مقبول ہوئے۔

حفیظؔ جالندھری کا تعارف:۔ حفیظؔ جالندھری (1982-1900) اردو کے مشہور شاعر گذرے ہیں۔ انہوں نے اپنی مثنوی شاہ نامہ اسلام کے ذریعہ شہرت پائی۔ حفیظؔ جالندھری نے غزلیں بھی کہیں اور نظمیں بھی۔ ان کی نظموں میں ترنم پایا جاتا ہے انہوں نے گیت بھی لکھے ان کے گیتوں میں روانی اور ترنم پایا جاتا ہے۔ ٹوٹی ہوئی کشتی کا ملاح، شہہ سوار کربلا اور ''پریت کا گیت'' حفیظ کے مشہور گیت ہیں۔

اپنے من میں پریت
بسا لے
اپنے من میں پریت

من مندر میں پریت بسا لے　　او مورکھ او بھولے بھالے
دل کی دنیا کر لے روشن　　اپنے گھر میں جوت جگا لے
پریت ہے تیری ریت پرانی　　بھول گیا او بھارت والے
بھول گیا او بھارت والے
پریت ہے تیری ریت
بسا لے
اپنے من میں پریت
اپنے من میں پریت
بسا لے
اپنے من میں پریت

کرودھ کپٹ کا اترا سایہ　　چھایا چاروں کھونٹ اندھیرا
شیخ برہمن دونوں رہزن　　ایک سے بڑھ کر ایک لٹیرا
ظاہرداروں کی سنگت میں　　کوئی نہیں ہے سنگی تیرا
کوئی نہین ہے سنگی تیرا
من ہے تیرا میت
بسا لے
اپنے من میں پریت

اپنے من میں پریت

بسا لے

اپنے من میں پریت

بھارت ماتا ہے دکھیاری　　دکھیارے ہیں سب نرناری

تو ہی اٹھا لے سندر مرلی　　تو ہی بن جا شام مراری

تو جاگے تو دنیا جاگے　　جاگ اٹھیں سب پریم پجاری

جاگ اٹھیں سب پریم پجاری

گائیں تیرے گیت

بسا لے

اپنے من میں پریت

اپنے من میں پریت

بسا لے

اپنے من میں پریت

نفرت اک آزار ہے پیارے　　دکھ کا دارو پیار ہے پیارے

آ جا اصلی روپ میں آ جا　　تو ہی پریم اوتار ہے پیارے

یہ ہارا تو سب سب کچھ ہارا　　من کے ہارے ہار ہے پیارے

من کے ہارے ہار ہے پیارے

من کے جیتے جیت

بسا لے

اپنے من میں پریت

اپنے من میں پریت

بسا لے

اپنے من میں پریت

دیکھ بڑوں کی ریت نہ جائے مرجائے پر میت نہ جائے

میں ڈرتا ہوں کوئی تیری جیتی بازی جیت نہ جائے

جو کرنا ہے جلدی کر لے تھوڑا وقت ہے بیت نہ جائے

تھوڑا وقت ہے بیت نہ جائے

وقت نہ جائے بیت

بسا لے اپنے من میں پریت

نظم کی تفہیم:

حفیظؔ جالندھری نے ''پریت کا گیت'' میں ہندوستانیوں سے خطاب کرتے ہوئے کہا کہ وہ آپس میں مل جل کر رہیں۔ محبت کے نغمے اُسی وقت گائے جاتے ہیں جب لوگوں میں نفرت نہ ہو۔ ہندوستان میں کئی مذاہب کئی زبانیں بولنے والے اور کئی تہذیبوں کے لوگ مل کر رہتے آئے ہیں آزادی کے بعد یہاں نفرت کی ہوا پھیلائی گئی۔ ایسے موقع پر شاعروں نے قومی یکجہتی کو پروان چڑھانے کے لیے گیت لکھے پریت کا گیت بھی ایسی ہی ایک نظم ہے۔

حفیظؔ جالندھری اپنے گیت کے پہلے بند میں لوگوں کو محبت اور بھائی چارے کا سبق دیتے ہوئے کہتے ہیں کہ اے انسانو! اپنے دلوں میں محبت کے جذبے کو بسا لیجیے۔ انسان کا دل ایک مقدس عبادت گاہ کی طرح ہے انسان جب گناہ کرتا ہے تو اس کے دل میں میل آجاتا ہے اور ویرانی چھا جاتی ہے اپنے دل کو محبت کی روشنی سے آباد کرنا چاہئے آپس میں مل جل کر رہنا ہندوستانیوں کی پرانی روایت ہے جب بھی دلوں میں پھوٹ اور نفاق پیدا ہوا۔ ایسا لگتا ہے کہ یہاں کے لوگ مل کر رہنے کی اپنی روایت کو بھول گئے ہیں۔ اسی لئے شاعر اُسے دوبارہ یاد دلاتے ہوئے کہتا ہے کہ مل جل کر رہنا ہماری قدیم اور مضبوط روایت ہے۔ اسی لئے ہمیں دشمنی مٹاتے

ہوئے اپنے دلوں میں محبت و بھائی چارے کے جذبہ کو پروان چڑھانا ہوگا۔

گیت کے دوسرے بند میں حفیظؔ کہتے ہیں کہ جب دلوں میں محبت آتی ہے تو حسد اور جلن دور ہو جاتی ہے دلوں میں حسد اور جلن لانے سے زندگی میں اندھیرا چھا جاتا ہے جو لوگ قوم کی رہنمائی کے منصب پر فائز تھے۔ وہی چور اور لٹیرے ہو گئے۔ شیخ مسلمانوں کی رہنمائی نہیں کر سکتے اور برہمن ہندوؤں کو سیدھا راستہ نہیں دکھا سکتے۔ ہندوستان میں ہندو اور مسلمانوں ایک خوبصورت دلہن کی دو آنکھیں سمجھے جاتے ہیں لیکن آپسی دشمنی سے ہندوستان کی خوبصورتی متاثر ہوگئی۔ دنیا والے دکھاوے کی زندگی گذار رہے ہیں۔ آج ضرورت پڑنے پر کوئی کسی کی مدد کے لیے تیار نہیں ہے ایسے برے وقت میں شاعر انسانوں کو محبت کا سبق پڑھاتے ہوئے کہتا ہے کہ محبت کا جذبہ اتحاد پیدا کرے گا۔ جس سے زندگی میں چین وسکون آئے گا۔

حفیظؔ جالندھری گیت کے تیسرے بند میں کہتے ہیں کہ ہندوستان میں رہنے والے مرد اور عورت سب دکھ میں ڈوبے ہوئے ہیں اور لوگوں کے دکھوں کو دور کرنے اور زندگی میں خوشی لانے کیلئے ہندوستان والوں کو بھی آگے بڑھنا ہوگا۔ اس لئے شاعر لوگوں سے کہہ رہا ہے کہ ہمیں غفلت کی نیند سے جاگنا ہوگا۔ لوگوں میں محبت کے پیغام کو عام کرنا ہوگا۔ اس لئے وہ کہتے ہیں کہ ہمیں اپنے دلوں میں محبت کا جذبہ پروان چڑھانا ہے جس سے ہمارے دکھ درد دور ہوں گے۔

حفیظؔ آگے کہتے ہیں کہ انسان کسی سے نفرت کرتا ہے نفرت سے دوری پیدا ہوتی ہے اس لئے ہمیں نفرت کو بھلا کر محبت کو عام کرنا ہوگا۔ کیونکہ ہم محبت کو عام کرنے والوں کے طور پر مشہور ہیں۔ اگر انسان کے دل میں نفرت پیدا ہو جائے تو انسان کی شکست ہے اس لئے شاعر ہمیں اپنے دلوں سے نفرت کو نکالنے اور اس کی جگہ محبت کو پروان چڑھانے کا مشورہ دیتا ہے۔

گیت کے آخری بند میں حفیظؔ زور دے کر کہتے ہیں کہ محبت اور بھائی چارے سے رہنا ہماری پرانی رسم ہے ہم جان دے کر بھی محبت کو قربان ہونے نہ دیں۔ جو لوگ محبت سے رہتے ہیں وہ کامیاب ہیں اس کامیابی کو سنبھال کر رکھنا ہوگا۔ کیونکہ کچھ لوگ محبت سے رہنے والوں کو نظر

لگاتے ہیں اور ان کے دلوں میں نفرت کا بیج بو کر آپسی تفرقہ پیدا کرتے ہیں اس سے پہلے کے لوگ نفرت پیدا کرنے میں کامیاب ہو جائیں ہمیں اپنی آپسی محبت مضبوط کرنا ہوگا۔ اور اپنے دلوں میں محبت کے جذبہ کو مضبوط قائم کرنا ہوگا۔

مرکزی خیال:۔ حفیظؔ جالندھری اپنی نظم پریت کا گیت میں ہندوستانیوں سے خطاب کرتے ہوئے ان کے دلوں میں محبت کو پروان چڑھانے کی کوشش کی ہے۔ یہ گیت ایسے وقت لکھا گیا جب کہ آزادی اور تقسیم ہند کے بعد ہندوستان کی دو بڑی قوموں ہندوؤں اور مسلمانوں کے درمیان کچھ فرقہ پرستوں نے نفرت پیدا کر کے آپسی دراڑ اور پھوٹ ڈالی تھی۔ قومی یکجہتی کو پروان چڑھانے میں شاعر کا یہ گیت اہم رول ادا کرتا ہے اور جب کبھی ہندوستان میں قومی یکجہتی خطرے میں پڑی اس وقت اس طرح کے گیت لوگوں کے دلوں میں محبت کے جذبے کو پروان چڑھانے میں اہم رول ادا کرتے رہے ہیں۔

چوتھا آدمی ندا فاضلی

ندا فاضلی کا تعارف:

ندا فاضلی (1938-2016) اردو کے نامور شاعر گزرے ہیں۔ دہلی میں پیدا ہوئے۔ اُنھوں نے انگریزی سے اعلیٰ تعلیم حاصل کی وہ جدید اُردو شاعروں میں مشہور ہیں۔ ان کے شعری مجموعے کا نام ''لفظوں کا کل'' اور ان کی چھوٹی سے معریٰ نظم ''چوتھا آدمی ہے'' جس میں اشاروں کے ذریعہ اُنھوں نے انسانی برتاؤ میں نسل در نسل میں ہونے والی تبدیلیوں کو پُر اثر انداز میں پیش کیا ہے۔

بیٹھے بیٹھے یوں ہی قلم لے کر
میں نے کاغذ کے ایک کونے پر
اپنی ماں
اپنے باپ کے دو نام
ایک گھیرا بنا کے کاٹ دیے
اور
اس گول دائرے کے قریب
اپنا چھوٹا سا نام ٹانک دیا
میرے اٹھتے ہی، میرے بچے نے
پورے کاغذ کو لے کر پھاڑ دیا!

نظم کی تفہیم :

ندا فاضلی نے نظم چوتھا آدمی میں لکھا ہے کہ ایک دن میں نے بیٹھے بیٹھے قلم لے کر ایک کاغذ پر اپنے ماں اور باپ کا نام لکھا اور ان کے ناموں کے اطراف ایک گھیرا بنا کر اُن ناموں کو کاٹ دیا اور اس دائرے کے قریب اپنا نام لکھ دیا۔ میں کاغذ رکھ کر جیسے ہی اُٹھا میں نے اس سارے کاغذ کو پھاڑ دیا۔

نظم چوتھا آدمی میں پیش کردہ واقعہ کے پیچھے ہماری تہذیب کی تباہی و بربادی کی ایک بڑی داستان پوشیدہ ہے۔ شاعر اور اس کے بیٹے کی حرکتیں انسانی اخلاق میں تیزی سے آرہی گراوٹ کو ظاہر کرتی ہے۔ جب انسان مذہبی تعلیمات کو بھول جائے اور اپنی طاقت، جوانی اور دولت کے نشہ میں آکر اپنے آپ کو اس دنیا میں وجود میں لانے والے اور خود بھوکے پیاسے رہ کر اسے پال پوس کر بڑا کرنے والے والدین کو بھول جائے، انھیں اپنی زندگی میں بوجھ سمجھنے لگے، والدین کے بڑھاپے میں اُسے چاہئے تھا کہ وہ ان کی خدمت کرتا اور انھیں آرام پہنچاتا۔ لیکن انسان دنیاوی تعلیم سے اخلاق کو بُھلا بیٹھا ہے۔ اُسے اپنے مذہب کی باتیں یاد نہیں آتی کہ ماں کے قدموں کے نیچے جنت ہے۔ اور باپ جنت کے دروازوں میں سے بیچ کا دروازہ ہے اور والدین کو ایک نظر دیکھنا ثواب ہے۔ ہر بوڑھے والدین کی خدمت کرنا اچھی بات ہے۔ دولت کے نشہ میں انسان کی آنکھوں میں پردہ پڑ جاتا ہے اور وہ چاہتا ہے کہ جلد سے جلد اس کے ماں باپ مرجائیں اور وہ اپنے گھر میں بیوی بچوں کے ساتھ خوشحال رہے۔ وہ یہ نہیں چاہتا کہ اپنے گھر کی خوشیوں میں اپنے والدین شریک ہوں۔ وہ جلد سے جلد اپنے ماں باپ کی جائیداد کا اور دولت کا وارث بننا چاہتا ہے۔ اس طرح کا لالچی انسان اپنے بچے کی کیا تربیت کرے گا بچے معصوم ہوتے ہیں۔ کورے کاغذ کی طرح ہوتے ہیں۔ اگر گھر میں اچھا ماحول رکھا جائے تو بڑوں کے ساتھ ادب واحترام سے پیش آیا جائے اور ان سے لڑائی جھگڑا نہ کیا جائے تو دادا اور دادی کے ساتھ باپ اچھے برتاؤ کو دیکھ کر بچے بھی اپنے ماں باپ کے ساتھ اچھا برتاؤ کریں گے۔ لیکن اگر

باپ ہی بد اخلاق ہو اور وہ اپنے بچے کے سامنے اپنے بوڑھے والدین کی بے ادبی کریں تو چھوٹے بچوں کے سامنے غلط مثال قائم ہوگی۔ چنانچہ آج یہی ہو رہا ہے کہ جو لوگ اپنے والدین کے ساتھ اچھا برتاؤ نہیں کرتے ان کی اولاد ان کے ساتھ بھی اچھا برتاؤ نہیں کر رہی ہے اور انھیں زندگی میں ہی ایسا صدمہ پہنچا رہی ہیں جس کی وہ اُمید بھی نہیں کر سکتے۔ باپ نے والدین کا نام کاٹا لیکن بچے نے اپنے والد کا نام لکھے ہوئے کاغذ کو ہی کاٹ دیا۔ آج دیکھا جا رہا ہے کہ چھوٹے بچے غلط تربیت کے سبب گھر میں چوری کر رہے ہیں اور دیگر سنگین جرائم کے بھی مرتکب ہو رہے ہیں۔ ندا فاضلی ہماری زندگی کو اس کڑوی سچ کو اس چھوٹی سی نظم میں بیان کر دیا۔

مرکزی خیال: نظم چوتھا آدمی ہمارے سوئے ہوئے ضمیر کو جگاتی ہے۔ اگر ہم خود اپنے اخلاق کا نا مودہ پیش نہ کریں۔ اپنی اولاد کی تربیت کی فکر نہ کریں اپنے والدین کا ادب واحترام نہ کریں اور بچوں کی تربیت کی خاطر اپنی بے جا خواہشات کو قربان نہ کریں تو اندیشہ ہے کہ ہم خود اپنے والدین کی دُعاؤں سے محروم رہ کر اپنی دنیا اور آخرت خراب کر لیں گے۔ اور ہمارے بچے ہم سے دو ہاتھ آگے جاتے ہیں۔ ہمارے ساتھ غلط برتاؤ کریں گے۔ اس لئے ضروری ہے کہ ایک اچھے گھر کی تعمیر و تشکیل کیلئے ہم اپنے آپ پر قابو رکھیں اور بچوں کی مناسب تربیت کریں۔

دھرتی تیرا مجھ سا روپ قاضی سلیم

قاضی سلیم (2007-1930) حیدرآباد سے تعلق رکھنے والے شاعر ہیں۔انھوں نے علی گڑھ سے بی اے اور عثمانیہ سے ایل ایل بی کیا تھا۔انھوں نے بیک وقت ادب، سیاست اور سماج سبھی شعبوں میں دلچسپی لی اور ان سبھی میدانوں میں انھوں نے اپنا نقش قائم کیا۔

قاضی سلیم پیشے سے وکیل تھے اور تقریباً پندرہ برس سے بیماری کے سبب گوشہ نشینی کی زندگی گزار رہے تھے۔انھیں 1980 میں اورنگ آباد حلقے سے لوک سبھا کے لیے منتخب کیا گیا تھا۔وہ دس سال تک مہاراشٹر کی قانون ساز مجلس کے رکن بھی رہے۔ایسا شاذ و نادر ہی ہوا ہے کہ ادیب کا تعلق براہ راست سرگرم عملی سیاست سے بھی رہا ہو۔مولانا آزاد اور حسرت موہانی کی مثال شاذ ہی کہی جائے گی لیکن قاضی سلیم کا اختصاص یہ ہے کہ وہ عوام کے ذریعے منتخب پارلیمنٹرین تھے اور انھوں نے اپنے حلقہ اورنگ آباد کی بھرپور اور پرزور نمائندگی کی۔وہ جب بھی دہلی اپنے ساؤتھ ایونیو کے ایم پی کوارٹر میں آتے تو وہاں بھی ملنے والوں میں ادیبوں اور شاعروں کا ہی تانتا لگا رہتا اور کبھی غیر رسمی شعری محفل بھی جم جاتی۔

1968 میں قاضی سلیم کا پہلا مجموعہ 'نجات سے پہلے' شائع ہوا۔تعجب ہے کہ قاضی سلیم کے اس مجموعے پر تبصرہ آجکل میں پورے چار سال بعد شائع ہوا۔رشید حسن خاں نے اپنے اس تبصرے میں لکھا تھا:

''اس مجموعے کی بیشتر نظموں میں ابہام اس قدر ہے جیسے گہری کہر آلود صبح ہوتی ہے۔ کہیں کہیں مفہوم کی چمک دکھائی دے جاتی ہے اور پھر اندھیرا اور سناٹا۔ جو لوگ اس انداز کی شاعری میں حسن و پسندیدگی کو دیکھ سکتے ہیں، ان کے لیے اس کا مطالعہ دلچسپ ہوگا۔

اس مجموعے میں بعض نظمیں ایسی بھی ہیں، جن میں آہنگ اور وضاحتِ اظہار دونوں عناصر پائے جاتے ہیں، لیکن یہ 1950-55 تک کی یادگار ہیں، جیسے عروس البلاد اور دھرتی تیرا مجھ ساروپ۔ ان میں معنویت کی سطح بلند ہے اور اظہار کا حسن نمایاں ہے۔ لیکن مجموعے کے مطالعے سے معلوم ہوتا ہے کہ شاعر نے جلد ہی اس پرانے پن سے پیچھا چھڑا لیا اور 1960 کے بعد کی بیشتر نظمیں پرانے پن کے ہر الزام سے محفوظ ہیں۔ 1965 سے 1970 تک کی جو نظمیں ہیں وہ 1955 کی نظموں سے مکمل طور پر مختلف ہیں اور اس خلفشار کی بہت اچھی طرح نمائندگی کرتی ہیں جو جدت کے نام پر اردو شاعری میں رونما ہو رہا ہے۔

بہر صورت اس طرح کے مجموعوں کی بھی ایک اہمیت ہے۔ اس عہد کی شاعری پر مفصل بحث کرنے والوں کے لیے مختلف قسم کی مثالیں فراہم کرنے کے یہ کام آسکیں گے۔ یہ خوبی بھی کچھ کم نہیں۔''

گو کہ قاضی سلیم ترقی پسند تحریک کے دور سے شاعری کر رہے تھے اور اپنے معاصرین میں انھوں نے اپنی شناخت بھی بنا لی تھی۔ لیکن انھیں باضابطہ طور پر مسلم الثبوت شاعر کی حیثیت سے شمس الرحمٰن فاروقی نے 'نئے نام' کے تحت پیش کیا۔ 'نئے نام' میں ان کی تین نظمیں 'وائرس' 'وقت' اور 'بے نظر میری آنکھیں' شامل ہیں۔ 'نئے نام' اردو ادب میں رجحانات کی سطح پر ٹرننگ پوائنٹ ثابت ہوا کہ نئے نام کے بعد سے جدیدیت کا رجحان تیزی سے عام ہوا۔ گر چہ اردو شاعری کے اس مختصر سے مجموعے پر بہت گفتگو ہوئی۔ حمایت میں بھی اور مخالفت میں بھی۔ حامیوں نے اسے جدید شاعری کا اصل نمائندہ قرار دیا تو مخالفین نے اسے چیستاں اور ترسیل و ابلاغ کا المیہ قرار دیا۔ لیکن قاضی سلیم کی شاعری بوجوہ ان سب الزامات کے باوصف اپنی حیثیت منوانے میں کامیاب رہی۔ اگر یہ کہا جائے کہ نئے نام کے شاعروں میں قاضی سلیم کی شاعری نے سب سے زیادہ متوجہ کیا تو غلط نہ ہو گا۔

اُنھوں نے اپنی نظموں میں دور حاضر کے مسائل کو پیش کیے۔ اُن کی شاعری میں علامتیں پائی جاتی ہیں۔ جدید نظم کی نمائندگی کرتی۔

دھرتی تیرا مجھ سا روپ
چاہے چھاؤں ہو چاہے دھوپ
اندھے گہرے کھڈ پاتال
سینہ چھلنی روح نڈھال
باہر ٹھنڈک اندر آگ
دل میں درد زباں پر راگ
دھرتی تیرا مجھ سا روپ
تیری صدیاں میرے پل
دی قیامت وہی اجل
تیری مٹی اور میرا خمیر
تیرا خدا اور میرا ضمیر
دھرتی تیرا مجھ سا روپ
بیج اگے یا قبر بنے
پھول کھلیں یا راکھ اڑے
میری طرح چپ چاپ رہے
میری طرح ہر درد سہے
دھرتی تیرا مجھ سا روپ
چاہے چھاؤں ہو چاہے دھوپ

نظم کی تفہیم:

قاضی سلیم نے اس نظم میں انسانی زندگی کے مسائل کا تعاقب زمین کی مختلف کیفیتوں سے کیا ہے۔اور نظم میں ٹیپ کا یہ شعر بار بار دہرایا ہے:

دھرتی تیرا مجھ سا روپ

چاہے چھاؤں ہو یا دھوپ

نظم کے پہلے بند میں قاضی سلیم کہتے ہیں کہ اے زمین دھوپ ہو یا چھاؤں جس طرح تیرا روپ ہے میری زندگی میں بھی غم اور خوشی آتے رہتے ہیں۔شاعر نے دھوپ کو زندگی کے مسائل سے اور چھاؤں کو زندگی کی راحتوں سے تشبیہ دی ہے۔خزاں کے موسم میں زمین پر اُگے پیڑ پودے سوکھ جاتے ہیں اور زمین ویران دکھائی دیتی ہے۔اُسی طرح انسان کی زندگی میں جب مسائل کا دور شروع ہو جاتا ہے تو وہ پریشان ہو جاتا ہے لیکن فطرت کا یہ قانون ہے کہ ہر خزاں کے بعد بہار اور ہر غم کے بعد خوشی آتی ہے۔ بہار کے موسم میں زمین پر موجود پیڑ پودوں پر نئے پتے پھل پھول نکل آتے ہیں اور زمین خوشنما لگتی ہے۔اُسی طرح انسان کی زندگی میں آنے والی خوشیاں اُس کی زندگی سے جو ظاہر ہوتی ہے۔شاعر کہتا ہیکہ جس طرح زمین مسطح نہیں ہوتے۔ اُس میں اندھے کنویں گہری کھائیاں اور چھوٹے بڑے تالاب ہوتے ہیں اور زمین بے ڈھنگی دکھائی دیتی ہے۔اس طرح انسانی زندگی میں بھی پیدائش سے لیکر موت تک مختلف مراحل کی طرح طرح کی پریشانیاں،غم اور مصائب آتے ہیں۔انسان صبر کرتے ہوئے کوشش کرتا ہے کہ وہ غم ظاہر نہ کریں۔اس لئے وہ دل میں اپنے غموں کو دبانے پُرسکون رہنے کی کوشش کرتا ہے۔

نظم کے دوسرے بند میں قاضی سلیم کہتے ہیں کہ زمین صدیوں سے مسائل سہتے ہوئے آرہی ہے۔انسان کی زندگی مختصر رہوتی ہے۔لیکن اس کی زندگی میں آنے والے بے شمار مسائل زمین کو صدیوں کے مقابلہ میں لمحے لگتے ہیں۔اپنی جو غم زمین نے صدیوں سے سہے تھے وہ غم

انسان اپنی چھوٹی عمر میں سہہ لیتا ہے۔ زمین سے کہتا ہیکہ تو مٹی ہے اور میں مٹی سے بنا ہوں۔ مجھے بنانے والا ہے خدا میرے دل میں بھی رہتا ہے اس طرح اے زمین تیرے میرے مسائل ایک سے لگتے ہیں۔

نظم کے آخری بند میں شاعر کہتا ہیکہ زمین کے اندر بیج بویا جاتا ہے تاکہ اُس سے نکلنے والا پودے پر پھل پھول اُگ سکے یہی زمین ہے جس میں مرنے والے انسانوں کو دفن کیا جاتا ہے اور اُن کی قبر پر ایک زمانے کے بعد دھول اُڑتی ہے۔ اس طرح زمین بھی چپ چاپ انسان کی طرح غم سہتی رہتی ہے۔ چنانچہ غموں کو سہنے میں زمین اور انسان مشترکہ اقدار کے حامل دکھائی دیتے ہیں۔ زمین کا دل نہیں ہوتا۔ اس لئے غم ظاہر نہیں کرتی۔ انسان کا دل ہوتا ہے اور اگر انسان شاعر بھی ہوں تو اُس کی غمزدہ دل کے جذبات شعر بن کر لوگوں کو رُلاتے ہیں۔

مرکزی خیال: نظم دھرتی تیرا مجھ سا روپ میں قاضی سلیم نے زمین سے متعلق اپنے مشاہدات کو بیان کیا اور یہ واضح کیا کہ زمین کے مسائل اور انسان کے غم دونوں یکساں لگتے ہیں۔

اہل بیت اطہار کی زندگی شبلی نعمانی

شبلی نعمانی (1914-1857) اُردو کے مشہور شاعر، ادیب، سیرت نگار، نقاد اور محقق گزرے ہیں۔ سرسید کی تحریک کو اُنھوں نے آگے بڑھایا۔ تاریخ اسلام پر ان کی کتابیں مشہور ہیں۔ سوانح مولانا روم، شیر العجم اور موازنہ انیس دبیر ان کی مشہور کتابیں ہیں۔ ان کی ایک نظم اہل بیت اطہار کی زندگی ہے۔ اس نظم کا خلاصہ اس طرح ہے۔

افلاس سے تھا سیدہ پاک کا یہ حال — گھر میں کوئی کنیز نہ کوئی غلام تھا
گھس گھس گئی تھیں ہاتھ کی دونوں ہتھیلیاں — چکی کے پیسنے کا جو دن رات کام تھا
سینہ پہ مشک بھر کو جو لاتی تھیں بار بار — گو نور سے بھرا تھا مگر نیل فام تھا
اٹ جاتا تھا لباس مبارک غبار سے — جھاڑو کا مشغلہ بھی جو صبح و شام تھا
آخر گئیں جناب رسول خدا کے پاس — یہ بھی کچھ اتفاق کے وہاں اذن غلام تھا
محرم نہ تھے جو لوگ تو کچھ کر سکیں نہ عرض — واپس گئیں کہ پاس حیا کا مقام تھا
پھر جب گئیں دوبارہ تو پوچھا حضور نے — کل کس کے لیے آئیں تھیں کیا خاص کام تھا
غیرت یہ تھی کہ اب بھی کچھ منہ سے کہہ سکیں — حیدر نے ان کے منہ سے کہا جو پیام تھا
ارشاد یہ ہوا کہ غریبان بے وطن وطن — جن کا کہ صفہ نبوی میں قیام تھا
میں ان کے بندوبست سے فارغ نہیں ہنوز — ہر چند اس میں خاص مجھے اہتمام تھا
جو جو مصیبتیں کہ اب ان پر گزرتی ہیں — میں ان کا ذمہ دار ہوں میرا یہ کام تھا
کچھ تم سے بھی زیادہ مقدم ہے ان کا حق — جن کو کہ بھوک پیاس سے سونا حرام تھا
خاموش ہو کے سیدہ پاک رہ گئیں — جراءت نہ کر سکیں کہ ادب کا مقام تھا

یوں کی ہے اہل بیت اطہر نے زندگی

نظم کی تفہیم

شبلی نعمانی نے نظم اہل بیت اطہار کی زندگی میں پیغمبر اسلام حضرت محمد مصطفیٰ صلی اللہ علیہ و سلم کے گھرانے کی سادہ زندگی کو پیش کیا ہے اور رسول اللہ صلی اللہ علیہ وسلم کی صاحبزادی بی بی فاطمہؓ کے گھریلو کام کاج سے مطابق ایک واقعہ کو بیانیہ انداز میں پیش کیا ہے۔ حضور صلی اللہ علیہ و سلم نے زندگی بھر دو وقت کی روٹی پیٹ بھر نہیں کھائی اور نہ آرام سے رہے۔ یہی حال ان کی دختران کا بھی تھا۔ خواتین جنت کی سردار بی بی فاطمہؓ بھی غربت میں ڈوبی ہوئی تھیں۔

اکثر مالِ غنیمت میں کنیزہ و غلام آئے تھے۔ ان کے گھر میں کوئی کنیز اور غلام نہیں تھا۔ یہ اپنے گھر کے کام خود کرتی تھیں۔ صبح وشام اپنے ہاتھوں سے چکی پیس تو تھیں جس کی وجہ سے ان کی ہتھیلیاں گھس گئی تھیں۔ مشک بھر کے بار بار پانی لاتی تھی۔ جس کی وجہ سے اُن کا نورانی جسم نیلا ہو جاتا تھا۔ صبح وشام جھاڑو دیتی تھیں۔ جس کی وجہ سے اُن کے کپڑوں میں دھول لگ جاتی تھی۔ اس طرح خود کام کرتے کرتے وہ تھک سی جاتی تھیں۔ اپنی تھکن کو دور کرنے اور کچھ آرام حاصل کرنے کی خاطر اپنے والد محترم کے پاس جا کر ایک کنیزہ یا غلام حاصل کرنے کا ارادہ کیا اور اپنے والد کے گھر گئی۔ وہاں کچھ نامحرم لوگ تھے تھوڑی دیر انتظار کے بعد بی بی فاطمہؓ واپس اپنے گھر آ گئیں۔ جب وہ دوبارہ اپنے والد کے گھر گئی تو شفیق باپ نے اپنی بیٹی سے دریافت فرمایا کہ کل تم کس لئے یہاں آئی تھیں کیا کوئی خاص کام تھا۔ لخت جگر رسول اللہ صلی اللہ علیہ وسلم بی بی فاطمہؓ غیرت کے مارے اب بھی نہ کہہ سکیں۔ پاس ہی اُن کے شوہر حضرت علی رضی اللہ عنہ تھے۔ اُنھوں نے بی بی فاطمہؓ کی کیفیت دیکھ کر حضور صلی اللہ علیہ وسلم سے کہا یہ گھر کے کام کر کے تھک جاتی ہیں۔ انھیں پتہ چلا کہ مالِ غنیمت میں کچھ غلام آئے ہیں اور تقسیم ہو رہے ہیں، یہ اپنے گھر کیلئے ایک غلام حاصل کرنے کے ارادہ سے آپ ﷺ کے دربار میں آئی ہیں۔ شفیق و مہربان والد اور سارے عالم کیلئے رحمت بنا کر مبعوث فرمائے گئے نبی نے اپنی بیٹی سے کہا کہ یہاں مسجد نبوی کے صفہ چبوترے پر کچھ لوگ ٹھہرے ہوئے ہیں جو وطن سے دور ہیں۔ ان کی ضروریات کا میں انتظار

کرر ہا ہوں ۔ میرے ساتھ مکہ سے جو لوگ ہجرت کر کے آئے ہیں ان کی حاجتوں کا میں ہی ذمہ دار ہوں ۔ تم میری اولاد ہو لیکن یہ لوگ میرے خاطر بھوک پیاس میں چین وسکون کو کھو کر میرے خاطر یہاں آئے ہیں ۔ اس لئے تمہارے سے زیادہ مجھ پر ان کا حق ہے ۔ یہ باتیں سن کر بی بی فاطمہؓ چپ ہو گئیں ۔ وہ اپنے والد کے آگے ادب کا لحاظ کرتے ہوئے کچھ نہ کہہ سکیں ۔

اس طرح شبلی نعمانی نظم کے آخر میں کہتے ہیں کہ بی بی فاطمہؓ کے زندگی کے اس واقعہ سے متعلق حدیث شریف کے مفہوم میں یہ بات ملی ہیکہ ایک دفعہ بی بی فاطمہؓ کو علم ہوا کہ حضور ﷺ لوگوں میں غلام تقسیم کرر ہے ہیں یہ بھی اپنے لئے ایک غلام مانگنے کیلئے گئیں کیونکہ گھر اور باہر کے کام کرتے کرتے یہ تھک سی جاتی تھیں ۔ جب بی بی فاطمہؓ نے اپنے والد محترم سے اپنے کام کی زیادتی اور تھکاوٹ کا اظہار کیا اور اپنے لئے ایک غلام حاصل کرنے کی خواہش ظاہر کی ۔ تو آپؐ نے فرمایا کہ بیٹی میں تمہیں غلام حاصل کرنے سے اچھی بات یہ بتاؤں کہ تم رات میں سوتے وقت 33 مرتبہ سبحان اللہ اور 33 مرتبہ الحمد للہ ، 34 مرتبہ اللہ اکبر پڑھ کر اپنے ہاتھوں پر دم کر کے سارے بدن پر پھیر لیں جس سے تمہاری دن بھر کی تھکن دور ہو جائے گی ۔

مرکزی خیال:

شبلی نعمانی کی یہ نظم یہ بات واضح ہوتی ہے کہ حضور اکرم صلی اللہ علیہ وسلم کے خاندان والوں میں سادگی کی اعلیٰ مثال پیش کی اور آنے والی نسلوں کیلئے اپنے عملی نمونے سے مثال قائم کی اور حضور اکرم ﷺ کی نصیحت سب کیلئے مشعل راہ ہے ۔

ہماری پیاری زبان اردو

وہ کرے بات تو ہر لفظ سے خوشبو آئے
ایسی بولی وہی بولے جسے اردو آئے
سلیقے سے ہواؤں میں جو خوشبو گھول سکتے ہیں
ابھی کچھ لوگ باقی ہیں جو اردو بول سکتے ہیں
وہ عطر دان سا لہجہ مرے بزرگوں کا
رچی بسی ہوئی اردو زبان کی خوشبو
وہ اردو کا مسافر ہے یہی پہچان ہے اس کی
جدھر سے بھی گزرتا ہے سلیقہ چھوڑ جاتا ہے
اردو ہے جس کا نام ہمیں جانتے ہیں داغؔ
ہندوستان میں دھوم ہماری زباں کی ہے
نہیں کھیل اے داغؔ یاروں سے کہہ دو
کہ آتی ہے اردو زباں آتے آتے

★★★★